MEU CORPO É UMA FESTA

MEU CORPO É UMA FESTA

Um convite às mulheres para reflexões,
vivências e celebração de seu corpo

A Igreja diz: o corpo é uma culpa.
A Ciência diz: o corpo é uma máquina.
A Publicidade diz: o corpo é um negócio.
E o Corpo diz: eu sou uma festa.

Eduardo Galeano

Dedicamos este livro a todas as mulheres
e pessoas que celebram o feminino em seu corpo

SUMÁRIO

11   Um convite à subversão, recriação e liberdade – Maria Soledad Domec

21   Corpo Arte – Tassia Felix

33   Olhos – Nathalie Gingold

43   Ouvidos – Cláudia Araújo

53   Língua – Naiara Magalhães

63   Garganta – Fabiana Higa

73   Cabelo – Thais Santos

89   Cabelo 2 – Vanessa Thalita Amadeu

97   Pelve – Bianca Haertel

109   Pele – Eulália Oliveira

117   Barriga – Dani Aguas

127   Útero – Val Teixeira

137   Pernas – Adriana Casonato Portugal

147   Pés – Bruna Silveira

163   Mãos – Anita Gomes

175   Braços – Marina Mendes

187   Nariz – Maria Soledad Domec

200   Curadoria afetiva de aprendizados e deleites

213   Agradecimentos

UM CONVITE À SUBVERSÃO, RECRIAÇÃO E LIBERDADE

Existe uma revolução subterrânea que acontece há algumas décadas e só tem crescido. Talvez você já tenha percebido alguns dos seus frutos, no dia a dia. Até alguns anos atrás, éramos bombardeadas por corpos praticamente idênticos em cada publicidade que nos chegava, sobretudo de roupas e cosméticos. As mulheres eram invariavelmente jovens, altas, magras e loiras. Mas isso tem mudado, e hoje vemos diversidade. Menos do que gostaríamos, mas muito mais do que antes.

Esta mudança não nasceu de uma consciência repentina da indústria de marketing, mas sim de milhares de mulheres, que em seu cotidiano, em suas profissões, em suas postagens nas mídias, forçaram esta mudança. Também algumas fotógrafas começaram a revolucionar em seu ofício e em sua arte, fazendo ensaios com mulheres fora do padrão. Tudo isto mudou nosso olhar, abriu espaço para uma nova estética, e hoje uma marca de produtos femininos que não se adapta a estas mudanças pode ser rejeitada. **A diversidade é uma demanda nossa, mulheres, assim como a aceitação de nossos corpos. Conquistas, não um presente da sociedade.**

Todas essas mudanças estão relacionadas a movimentos liderados por nós e, um deles, silencioso e interno – e por isso chamo "subterrâneo" –, expressa-se nos Círculos de Mulheres, espaços onde podemos nos conhecer e reconhecer em nosso feminino, fortalecer-nos, e tecer relações de apoio mútuo e aceitação.

Este livro é fruto deste movimento!

Os Círculos de Mulheres nasceram nos anos 60 junto com a segunda onda do movimento feminista. Mulheres se reuniam para ter um espaço de encontro e de fala apenas delas. Mergulhadas que estávamos no universo masculino, precisávamos desse espaço de descoberta de quem somos. E ainda precisamos. Ao vivermos em um mundo patriarcal, no qual o domínio tem sido masculino há pelo menos dois mil anos, no Ocidente, todas as nossas estruturas foram criadas por mentes masculinas: a estrutura do trabalho, da política, da educação, da economia. Nessa estrutura, as mulheres foram relegadas a um lugar subserviente e tudo que não pôde (ou não quis) ser roubado dela – a maternidade, a criação dos filhos na primeira infância, o cuidado da casa, a nutrição – foi colocado em um lugar de inferioridade e invisibilidade. Jamais valorizado e muito menos remunerado.

Quando a mulher entrou no mercado de trabalho, sobretudo após a Segunda Grande Guerra, ela chegou em um mundo laboral que não tinha sido criado por ela. Um lugar com horários que não se adaptam aos cuidados da casa, à responsabilidade com os filhos e muito menos à pausa. Não somos máquinas de produção, como quer o patriarcado; somos seres humanos com lar e vida para cuidar, e precisamos de tempo de honra no dia para estes espaços. O calendário laboral masculino também não inclui a menstruação, nem a gestação, geralmente vista como um problema e motivo para pagar salários menores às mulheres e não as ter nas mais altas posições. Um lugar de relações altamente hierárquicas, competitivas. E o que dizer do ambiente da política, então? Ainda mais masculino. Está sendo subvertido somente nos últimos anos, por pessoas como a primeira-ministra da Nova Zelândia, Jacinda Arden, que surpreendeu o mundo levando sua bebê de três meses à Cúpula da Paz da ONU, onde discursou, enquanto seu marido a segurava no colo.

Os Círculos de Mulheres foram crescendo aos poucos, no começo, e ganharam impulso com livros como *O Milionésimo Círculo*, de Jean Shinoda Bolen, psiquiatra e psicanalista junguiana norte-americana, que estabeleceu bases para esses encontros. Os Círculos também se enriqueceram com conhecimentos vindos de outras obras preciosas que abordam a psique feminina, seus mitos e seu corpo, como *Mulheres que Correm com Lobos*, *A Tenda Vermelha* e *A Lua Vermelha*, entre outros – não muitos, porque ainda carecemos de livros que se aprofundem no tema da mulher e do feminino. Já os Círculos explodiram nos últimos dez anos e só fazem ganhar força.

Hoje, estes **Círculos de Mulheres acontecem regularmente em milhares de cidades ao redor do mundo.** De forma espontânea, como reunião de amigas, ou em torno de uma fogueira, ou ainda organizados como cursos, retiros, workshops. **Os formatos e os temas são diversos, assim como nós.** Alguns Círculos são em torno da **leitura** de um livro, outros em torno de um **ativismo**, outros em torno da **escuta** atenta e respeitosa de si e das demais, do reconhecimento e do respeito aos **ciclos lunares** (nossa ciclicidade hormonal), da recuperação de **conhecimentos ancestrais de ritos e tratamentos naturais,** do empoderamento para o **universo profissional**, da **sexualidade**, das **mulheres negras** recuperando seu lugar único, da **maternidade** e do retorno a um **parto humanizado**, contra a violência obstétrica.

Este livro nasceu desta diversidade de mulheres que se reúnem em um grande círculo com outras mulheres para refletir, explorar, vivenciar e também transmitir a outras as formas múltiplas e únicas de ser mulher. Somos terapeutas, facilitadoras de workshops, escritoras, psicólogas, médicas, parteiras, engenheiras, empreendedoras e mais. Este grande círculo é **o TeSer Juntas**, que foi criado por mim, Soledad, e por Tassia, ambas mulheres que iniciaram sua jornada no feminino entre 2002 e 2004, estudando, viajando, pesquisando, vivenciando e ensinando. Em 2014, diante do surgimento de muitos grupos de mulheres que já se reuniam ou que queriam começar a se reunir em círculos, começamos a compartilhar nossa experiência e nossos conhecimentos acumulados nessa intensa busca de vias femininas em uma formação que se tornou regular. Nestas formações, a cada ano, vêm mulheres extraordinárias, de profissões e demandas diversas, que vão tecendo relações de apoio e trocas criativas entre si.

Deste tecido de trocas e amadurecimento de todas, em 2017, nasceu o **Festival TeSer da Primavera**, anual, que surge como uma imersão de três dias, com cerca de 30 oficinas de duas horas, facilitadas pelas mulheres que passaram pela Formação do TeSer, **para que mais mulheres possam entrar em contato com as várias vias do feminino**. O Festival é esta porta para a diversidade, em que cada facilitadora tem sua história, sua paixão por um tema, sua mestria.

Transformação circular

Quando se desconhece o movimento dos círculos e encontros de mulheres, pode haver preconceitos ou estereótipos: "são feministas que odeiam os homens!" "São hippies tocando tambor!" "São mulherzinhas chorando!" "São mulheres brancas e ricas sem ter o que fazer!" "São místicas olhando para a lua!" Ou seja, uma nova versão do velho: as mulheres são loucas ou bruxas! Pois sim, mulheres que se reúnem são atrevidas, criativas, com coragem de explorar novas possibilidades. Uma força totalmente fora da caixa patriarcal. Assustadoras. E por isso, no passado, as filhas e esposas rebeldes foram internadas em hospitais psiquiátricos ou queimadas.

Mas nós sabemos o poder de transformação destes círculos, tanto pessoal, quanto coletivamente. Nós sabemos como esta via é importante, de **mudar o mundo a partir de dentro**. Ser feliz, se aceitar, não se julgar, não julgar o outro, reconhecer o abuso, amar a si e a seu corpo, não se adaptar a um modelo, recuperar sua história, rever a educação que recebemos, valorizar qualidades que a sociedade desqualifica, conhecer sua sexualidade, liberar-se de programações sociais que forçam a mulher em papéis que a aprisionam – guerreira, boazinha, intelectual, mãe, esposa, puta etc. Os círculos, os encontros de mulheres, desde a década de 60, têm sido fundamentais para este trabalho interno. Para este fortalecimento, amadurecimento e reconhecimento. Para uma vida mais feliz e plena.

Como alguém que acompanha mulheres nesta descoberta há quase 20 anos, sou testemunha diária das curas que acontecem entre as participantes: da recuperação da autoestima, da confiança em si mesma, da conexão interna e, com isso, da força de vida que vence e transforma qualquer obstáculo.

> *Círculos de Mulheres podem ser vistos como um movimento evolucionário e revolucionário que está escondido por trás de uma imagem aparente: parece ser apenas um grupo de mulheres reunidas, mas cada mulher e cada Círculo está contribuindo para algo muito maior.*
>
> Jean Shinoda Bolen,
> em *O Milionésimo Círculo*

Com o Festival, nós queríamos abrir a porta para que estes círculos fossem conhecidos, e que as mulheres soubessem que eles podem ser abordados de muitas formas – pelo corpo, pelo intelecto, pelo espiritual, pelo ativismo. **Cada aspecto da nossa vida pode ser abordado pelo feminino, trazendo o pedaço que faltava, o pedaço que foi devorado pelo patriarcado.**

O livro

O Festival TeSer da Primavera 2020, com o tema *corpo*, foi nossa primeira versão online, impulsionada pela pandemia. E a potência gerada pela possibilidade de nos reunirmos com mulheres em diferentes geografias e tempos nos fez sentir que **era o momento de levar nossas experiências e pesquisas em torno deste tema a um universo ainda maior de pessoas, através de um livro coletivo.** E decidimos realizá-lo como fazemos nosso Festival, de forma colaborativa e sem fins lucrativos, para permitir a acessibilidade. Outra grande experiência! Em um mundo centrado no eu egoico, no falo, que realiza e ganha, viver o universo feminino, mais horizontal, neste novo projeto, foi a coragem de ser feminino do início ao fim. E deu certo. Que bom perceber que mais e mais pessoas, e até empresas, vão nesta direção.

Um convite à subversão, recriação e liberdade

Para algumas mulheres, a palavra feminino causa ruído. Entendemos este ruído. Por séculos, o feminino esteve relacionado a papéis que nos aprisionaram e machucaram. Papéis, obrigações, demandas, preconceitos que sofremos de pais, famílias, parceiros, justamente em nome do feminino. E parece que, para nos libertarmos dessas demandas do passado, a palavra feminino deveria ser jogada no lixo, mais uma vez. Mas será que, ao fazermos isso, não estamos jogando o jogo do patriarcado? Justo agora que estamos ocupando espaços e recuperando nossos direitos como mulheres?

O convite é, ao ler "feminino", esquecer-se do que se aprendeu no passado sobre ser feminina. Nós, mulheres, estamos criando novos significados para esta palavra. E elas não são prisões. São a liberdade de explorar quem somos. Explorar as qualidades referentes a ser mulher. A partir do nosso olhar e experiência. Sem temer a investigação e validação das nossas diferenças e sem precisar colocá-las em escalas ou hierarquias – como faz o patriarcado, que somente entende a igualdade em seu pior sentido, a uniformidade, e cataloga as diferenças em níveis, melhor ou pior. Nós podemos reconhecer e abraçar as diferenças integrando-as, com exuberância, sem criar novas leis e dogmas. Assim como a vida selvagem, como as florestas tropicais, tão ricas, por serem diversas, e não monótonas como os campos domesticados e destruídos pela uniformidade das monoculturas.

Sobre o corpo, tema deste livro
O abordamos aqui como uma festa: uma exploração festiva de um mundo de possibilidades. Um corpo para amar, conhecer, cuidar e desfrutar.

Ao longo deste livro, você poderá:

    Libertar seus cabelos

    Balançar seus quadris

    Aguçar seus sentidos na cozinha

    Descobrir sua voz

    Ouvir suas ancestrais

    Celebrar sua negritude

    Abraçar sua velha bruxa

    Conhecer deusas

    Harmonizar feminino e masculino

    Integrar corpo e mente

    Cuidar do seu corpo físico

    Cuidar do seu corpo energético

    Beber das culturas orientais

    Abrir espaço

    Respirar

    Habitar-se

    Rever-se

    Multiplicar-se

    Presentear-se

    E exercitar um estado de paz consigo mesma

Vamos celebrar nossos corpos! E nos apropriar deles com a palavra, com o sentir, com reflexões e com ações. Liberando-o, aos poucos, das demandas, da submissão, do medo e da tensão, para vivê-lo à nossa maneira: livres, leves e soltas.

Nestas páginas, você vai encontrar poesia, conhecimentos de psicologia, medicina chinesa, constelação sistêmica, dança, culinária, entre outros, assim como **exercícios práticos para que você possa ter a vivência concreta com o tema de cada capítulo. Para sair do cabeção. Para Ser, integralmente.** Você pode fazer os exercícios sozinha, levá-los a seus Círculos de Mulheres ou compartilhá-los com suas pacientes. Eles são gostosos, criativos e permitem expandir nossa experiência e nossas possibilidades.

Se este livro chegou a suas mãos, ou você chegou a ele, talvez seja porque você já está em um Círculo de Mulheres, ou porque facilita trabalhos do feminino e estas questões já fazem parte de sua vida. Ou, talvez, porque você esteja se sentindo chamada a conhecer este universo.

Obrigada por estar aqui!

Este livro é para todas as mulheres.

Maria Soledad Domec
Mãe, avó, psicóloga, eterna buscadora,
cofundadora do TeSer Juntas e uma das
idealizadoras do Festival TeSer da Primavera

CORPO ARTE

Tassia Felix

Mergulho na nascente do meu corpo e chego a outro mundo. Eu tenho tudo de que preciso aqui dentro. Não há motivo para procurar em outro lugar.

Rupi Kaur

Sou Tassia, mãe, psicóloga, e sendo múltipla como muitas mulheres, sou também um pouco cantora, um pouco corredora, um pouco bailarina, um pouco empresária. Sou nordestina, paraibana, cresci na praia em João Pessoa, fazendo juz ao dia em que nasci, dia de Iemanjá, 02 de fevereiro, em 1985.

Tive sorte de ter sido recebida neste mundo não somente em uma data mágica, mas em uma espécie de "bolha matriarcal" dentro do patriarcado: tias, irmãs, primas, minha família composta majoritariamente por mulheres. Estudei até o ensino médio na escola da minha família, onde minha mãe era a psicóloga, e os papéis se distribuíam entre as minhas cinco tias – uma era a diretora, outra a coordenadora, outra professora, secretária, e por aí vai.

Crescendo nesse contexto, não poderia ter sido diferente, ficou impresso dentro de mim a informação de que as mulheres têm espaço, são líderes; que são elas que educam, que comandam, que criam as regras. E assim atravessei minha infância e adolescência sempre bem amparada, especialmente pela minha mãe, que sempre buscava olhar a vida por um olhar humano e espiritual e me transmitiu essa ótica.

Como referencial masculino principal tive meu pai, músico, que há anos e anos toca o bolero de Ravel no saxofone todos os dias na hora do pôr do sol. Meu pai que sempre foi silencioso, mais ouve do que fala; quando fala, sua fala tem peso, sabedoria. Ele é um homem feminino.

Então, posso dizer que tive um solo fértil que permitiu desabrochar meu feminino, e que por isso eu nunca senti a dor de ser mulher. Até que, aos 18 anos, iniciando minha busca pessoal, eu saí do meu sistema primário, da minha "bolha matriarcal" e entendi que essa não é a realidade da maioria das mulheres.

Entendi que há lugares onde mulheres têm seu clitóris mutilado ainda criança, outros nos quais se automutilam porque não acreditam que seus corpos são suficientemente bons como são. Descobri que a maioria das mulheres odiava seu sangue, o mesmo que minha mãe me ensinou que era sagrado, e que por isso enchiam seus corpos de hormônios desde cedo. Fui percebendo que na maior parte dos lugares ser homem é ter privilégios, e que ser mulher é estar exposta a diversos tipos de violência.

Paralelo ao encontro com essa triste realidade, produto do patriarcado, em minhas buscas por entender o universo, a vida e a mim mesma, entrei em contato com conhecimentos preciosos, na Índia e em outros cantos mundo afora por onde andei, em contato com outras culturas e tradições, que acreditavam naquilo que eu mesmo havia aprendido – que ser mulher é uma honra.

E, desde os 20 anos, estou nesse caminho de aprender e transmitir aquilo que aprendo sobre o Feminino para relembrar isso às mulheres. Desde os 20 anos, conduzo círculos, e estar nesse campo de saberes é um bálsamo que faz muito sentido para mim. É uma alegria compartilhar um fragmento do meu olhar sobre o corpo de mulher aqui neste compilado de experiências escrito por mulheres incríveis.

Instagram: @teserjuntas
YouTube: teserjuntas
Site: teserjuntas.com

HABITAR NOSSO CORPO EM TODAS AS SUAS DIMENSÕES: UMA ARTE

Eu cresci vendo uma cicatriz no quadril da minha avó materna, Maria de Lourdes, e sempre ouvi a história de quando ela era jovem e a pia do banheiro caiu em cima de suas ancas -- daí, a cicatriz. Mas, ao mesmo tempo, eu via o quão forte ela era. Apesar da ferida que um dia houve, foi aquele mesmo quadril que se abriu para parir sete mulheres incríveis. Ela fez arte com seu quadril.

Cresci ouvindo minha mãe dizer que não gostava das varizes nas pernas e nem dos seus seios, que eram "muito pequenos". Mas com aquelas pernas ela andou o mundo inteiro em busca de conhecimento. Minha mãe fez algumas dezenas dos cursos disponíveis na sua época, quando ninguém da sua geração fazia aquilo. E foi com aquele peito que ela acolheu tanta gente, como assistente social e como psicóloga. Fez arte!

E eu por minha vez, sempre achei o meu nariz feio, "achatado demais", mas foi ele que me ajudou a respirar como uma meia-maratonista; nunca amei a minha orelha rasgada, mas é exatamente esse órgão que me ajuda a ter uma escuta afinada do outro em minha profissão; sempre achei meus braços muito fortes, mas eles foram importantes quando fui mãe, em muitos momentos sem uma rede de apoio, e precisei segurar minha primeira filha no colo por horas a fio. Além de me permitir escrever, criar e abraçar a vida. Sim, eu também estou fazendo arte!

Recuperar a história da relação da minha mãe e avó com os seus corpos, assim como me conscientizar da minha própria, podendo acolher as partes feridas, imperfeitas ou rejeitadas, tem sido uma cura pra mim, certamente para minha linhagem e para todas as mulheres com quem eu cruzo pelo caminho porque sim, a cura de uma, é a cura de todas nós.

Nessa reflexão com relação ao corpo, todas nós temos uma grande inspiração, uma mulher genial que tem aparecido aos olhos do mundo principalmente na última década, e que tem muito a nos ensinar: Frida Khalo. Por que ela era perfeita? Porque se adaptou à sociedade? Se encaixou nos padrões para "existir"/pertencer? Não, o que ela fez foi o oposto: retratou sua realidade, sua humanidade, sua imperfeição. E o que menos temos visto hoje é a realidade. Frida retratou seus medos, sua dor, ela contemplou suas sombras e conversou com elas. Essa talvez tenha sido a maior de suas artes.

Estas histórias nos lembram que é tempo de fazer as pazes com nosso corpo. Somos a geração que presencia o retorno da deusa, e a porta pela qual ela volta é o nosso corpo de mulher. Como disse Mari Woodman, em "A feminilidade consciente", temos vivido de uma forma descorporificada, algo que a psicologia chama de inflação: quando nós não aceitamos nossa condição humana, vivemos muito mais em idealizações e em busca por perfeição, não aceitando as nossas formas e individualidade, não aceitando que somos cíclicas (que, em um mesmo mês, temos diferentes estados), buscando uma linearidade que é incompatível com nossa natureza, o que nos leva para longe do corpo. Incorporar significa habitar nosso corpo real, e não um corpo ideal da imaginação -- ou das mídias. Significa conhecê-lo, aceitá-lo, reconhecê-lo em suas diferentes fases, alimentá-lo com amor, respeitar seus limites, conhecer suas possibilidades. Estar presente nele.

Quando falamos que não temos habitado nosso corpo, precisamos pensar: se nós não o estamos habitando, então quem está? Nossos corpos têm sido habitados pelo patriarcado: nossa sexualidade e prazer controlados; nosso espaço no mundo, restrito; nossas emoções consideradas inferiores ou insignificantes; nossa voz silenciada; nossa sabedoria questionada; e até, no meio espiritual, nossa ligação com o todo, intermediada. É um passo muito importante na vida de uma mulher se apropriar do seu corpo, habitá-lo. Quando conectamos com o nosso corpo, ele se torna um veículo de consciência ao invés de um veículo para o entorpecimento e insensibilidade. Abordagens de psicologia mais atuais já reconhecem a importância de olhar para o corpo, como a fenomenológica, a reichiana, a transpessoal.

E muito antes disso, várias linhagens de conhecimentos orientais milenares como o hinduísmo, o budismo, o tantra, dentre outras vertentes, sempre consideraram o corpo como sagrado, por isso faz parte destas vias de sabedoria o ensino e a transmissão de práticas de conexão, cuidado e desenvolvimento do corpo. Tais linhagens consideram ainda a existência não somente do corpo que vemos, mas de outros corpos: os corpos sutis. Uma importante autora que contribuiu para a disseminação do conceito de corpos sutis no ocidente foi Helena Petrovna Blavatsky, mais conhecida como Madame Blavatski, escritora russa responsável pela sistematização da Teosofia e autora das famosas obras "Isis sem véu" e "A doutrina Secreta".

Compreender essa visão milenar pode nos apoiar na conexão com nosso corpo nos seus vários aspectos, integrando-os. Quais seriam estes corpos sutis?

Em uma escala do mais denso ao mais sutil, aquele considerado o segundo corpo, depois do **corpo físico**, é nosso **corpo etéreo ou etérico**, corpo das sensações, do desejo, do prazer. É a vida recebida através dos orifícios vazios do nosso corpo: nariz, ouvidos, boca, poros, genitais. Esse corpo está desperto no estado de relaxamento, oposto à tensão. Mas geralmente, temos tido poucos momentos de relaxamento no nosso dia a dia. Nossos músculos faciais estão constantemente tensionados, estamos em estado de alerta e estresse, o que enrijece esse corpo. Por isso que serenar é revolucionário. Fazer pausas, ouvir música, dançar sozinha por cinco minutos, entrar em estado de relaxamento, fazer as coisas desfrutando do próprio processo delas e não com a ansiedade pelo resultado são formas de nutrição ao corpo etérico. Uma pessoa com esse corpo vivo, desenvolvido, nutrido exala sensualidade, comunica prazer e convida à presença, ao contato.

Temos também o **corpo vital**, considerado o terceiro corpo, que está relacionado à percepção do espaço subjetivo que ocupamos no mundo. Esse corpo pode se sentir pequeno ou grande, diante do outro e do mundo; pode se encolher ou crescer diante das experiências que a vida apresenta; está relacionado à sensação de poder. A pesquisadora Amy Cuddy, em seus estudos sobre linguagem não-verbal e sobre as dinâmicas do poder, fala que nós somos influenciados pela forma como nosso corpo se expressa em gestos e posturas. De acordo com suas pesquisas, quando ocupamos espaço, nós nos abrimos fisicamente, fazemos gestos de expansão, de abrir o peito, levantar os braços, levantar o queixo; já o contrário, quando sentimos que alguém ou algo exerce influência sobre nós e nos sentimos inferiores ou sem espaço, nos encolhemos, curvamos os ombros.

Essa ocupação de espaço no mundo, que começa pelo nosso corpo, está relacionada com o corpo vital. É comum que nós, mulheres, tenhamos sensação de inferioridade crônica, o que não é surpresa porque todo nosso histórico de séculos de repressão nos colocou nessa posição. Amy Cuddy acredita que se nos colocamos por dois minutos em uma posição de força, influenciamos a nós mesmas e elevamos nosso poder pessoal. Esta posição pode ser, por exemplo, a posição que ficou conhecida como "postura da mulher maravilha", onde ficamos de pé, com as pernas afastadas na largura do quadril, as duas mãos na cintura, o peito aberto e o queixo levemente levantado. Que tal experimentar e perceber se há diferença interna?

O corpo vital fala também sobre delimitar espaço, dizer não. Você diz não? Fomos socializadas a dizer "não" somente para nós mesmas, a nos limitarmos. Constantemente, nos enviamos a mensagem de que não merecemos, de que não podemos, de que temos que nos contentar com bem pouco, com o mínimo (na área afetiva, na área profissional, etc). Mas, nesse processo de empoderamento feminino, somos mulheres nos expandindo, e começamos a ver a importância do dizer não ao outro, quando nosso espaço está sendo invadido ou ameaçado, e essa é uma parte muito importante de fortalecimento do nosso corpo vital.

O quarto corpo é o **corpo emocional**, que podemos sentir, por exemplo, quando alguém está triste. Nossos braços querem acolher, há as diversas terapias energéticas de cura através das mãos, como o reiki. E é interessante porque esse corpo muitas vezes foi pouco nutrido quando éramos meninas. Existe uma pesquisa realizada pela jornalista estadunidense Ann Landers, que conduziu uma experiência com um grupo de mulheres, questionando sobre o que elas preferiam, fazer amor ou serem abraçadas, e 70% respondeu ser abraçada, aconchegada pelo parceiro, então esse é um corpo que frequentemente pede nutrição. Respirar profundamente pode nos levar ao contato com nosso mundo interno, onde estão as nossas emoções, e outra ação muito simples que atua liberando tensões do corpo emocional é massagear a glândula timo -- glândula relacionada ao sistema emocional, localizada na região do centro do peito, entre os nossos seios. Experimente por um instante fechar os olhos e, com o punho de uma das mãos fechado, massagear em movimentos circulares essa região.

Olhar para nossas emoções, cuidar delas, acolhê-las, é muito nutritivo a este corpo emocional. Você ritualiza suas emoções? Há muitas formas de fazê-lo, por exemplo escrever em um papel aquilo que te angustia, e depois queimar em um pequeno caldeirão ou bacia de metal; deixar que se vá... Também fazer terapia, ter onde falar sobre as emoções e elaborá-las com o apoio de um profissional. Assim vamos abraçando a nós mesmas e acolhendo as nossas emoções, amadurecendo-as e criando uma relação construtiva com elas, nutrindo este corpo.

Temos o quinto corpo, o **corpo dos sonhos e da nossa expressão individual**. Para falar dele, eu gostaria de citar a poeta indiana Rupi Kaur, que se expressa muito bem nessa dimensão, com sua habilidade de brincar com as palavras de forma genial. Esse corpo aparece quando sonhamos, criamos. Mas estamos em uma cultura que, assim como não respeita a terra, também não respeita a criatividade feminina, e frequentemente ocupa a mulher para que ela fique privada de criar. Esse corpo também se conecta com a nossa fala. Estamos em um momento no qual começamos a recuperar nossa voz. E é importante buscar essa expressão na sua vida, que não é necessariamente ir pintar telas, pode começar por se ouvir, sair da anestesia de si, ouvir-se nas relações, ouvir-se nos lugares – gosto de estar aqui? E com essa escuta de si vai aparecendo nossa individualidade e, então, poderemos expressá-la. Mas, para isso, primeiro é preciso se ouvir e sair do automatismo. Ajuda muito a sair do automatismo fazer de forma diferente coisas que realizamos com frequência -- usar escada em vez de usar o elevador, mudar o lugar das férias, a posição no sexo, o guarda-roupas, a playlist...

Temos ainda o **corpo mental superior**, que pode reunir conteúdos conscientes ou inconscientes, e que, quando desenvolvido, nos conecta com nossa intuição, com a sabedoria universal. Uma mulher que habitou esse corpo de forma muito potente foi Clarissa Pinkola, psicanalista que, com o livro "Mulheres que correm com os lobos", tem através dos anos lembrado a nós mulheres como conversar com a alma. Ela deixou um legado, e, justamente de uma forma super estruturada como é característico desse corpo: através da escrita.

Um caminho para ir habitando o corpo mental superior, muitas pessoas conhecem e têm buscado, é criar espaços para o vazio através da meditação, onde atravessamos as camadas da mente e acessamos conteúdos mais profundos. Esse corpo se relaciona também com o tempo, com a forma como usufruímos do nosso tempo. Uma vez me tocou muito, em um círculo, ouvir de uma mulher que ela se dava conta de que toda a sua vida tinha sido dedicada a seguir os sonhos e projeções dos seus pais -- primeiro ser a extensão da mãe, depois realizar um sonho da família. E ela se viu com uma vida inteira dedicada a isso, como em uma prisão, sem nunca se dedicar a algo que verdadeiramente queria. E esta é a história de muitas mulheres. Como você lida com seu tempo? Ele é liderado por alguém (uma instituição/empresa, seu parceiro ou parceira, seus filhos, etc), ou você quem o lidera? Te convido a se apropriar do seu tempo para que você, somente você, decida o que quer fazer com ele. Eu costumo orientar as mulheres que atendo a começarem separando no mínimo meia hora do seu dia para si. Possível?

E, por último, temos o **corpo nirvânico**, que é a nossa conexão com o todo, aquilo que se chama de espiritualidade. Cada mulher tem sua forma de contato e conexão com o todo e isso não se ensina porque ela já sabe. Então se você não lembra, está na hora de buscar recursos dentro de si mesma para voltar a essa estrada que te leva à conexão com o todo. Pode ser que seja um processo terapêutico, pode ser que seja meditação, oração... Que via te convida?

A percepção sobre estas sete dimensões pode nos revelar muito sobre nós e nos indicar caminhos para a integração e desenvolvimento dos nossos vários aspectos. E depois desse passeio pelos corpos sutis, convido você a voltar sua atenção novamente ao seu corpo físico, em direção a fazer as pazes, buscar fazer arte com ele.

SUGESTÃO DE PRÁTICA

Feche seus olhos e pense em uma parte do corpo que você rejeita. Toca essa parte, sente ela. Essa parte, ao ser tocada, emite uma sensação diferente de quando você a vê no espelho? Ao tocar é bom? Essa parte, no toque, te dá prazer? Esse é teu corpo real. E não o da imagem. Diz pra essa parte: eu te reconheço, te libero da ideia de perfeição e te permito fazer arte nesse mundo. Sugiro que, ao final dessa leitura, você fique um pouquinho consigo mesma. Se puder, anote características da sua avó, da sua mãe, e olhe com arte o que partes dos seus corpos trouxeram para elas ou para o mundo. Deixe que essa liberação através da profunda aceitação do corpo aconteça em todo o seu sistema familiar, em toda sua linhagem. Que ela aconteça em todas as mulheres, nos autorizando a todas a amarmos o nosso corpo de mulher e habitá-lo em toda a sua potência. Fazendo arte.

OLHOS

Nathalie Gingold

Ver é muito mais que enxergar
É a conexão que acontece
Entre a luz,
A sombra
E o nosso coração.

Ver é ler
Decifrar,
Interpretar.

Vemos as coisas como somos.
As coisas são
a nossa percepção
da realidade.

No espaço entre o eu e o olhar
a vida se forma.

Nathalie Gingold

Sou nascida em São Paulo capital, filha de uma artista plástica e professora e de um francês, também professor. Vivi em muitos mundos durante a minha vida, e me sinto uma eterna caminhante. A fotografia é um dos meus mundos.

Na minha infância, por diversos motivos, eu era muito solitária e quieta, sentia que não conseguia me fazer ouvir e que existiam outros mundos que só eu via.

O primeiro contato que tive com a fotografia foi no ano de 1996, eu tinha 12 anos. Ganhei uma câmera da Minnie de Natal. Saí fotografando tudo. Achava aquele instrumento mágico, afinal, capturava imagens como pinturas!

Um dia, fotografei um prédio onde morava com minha mãe e irmãos. Minha mãe viu e se surpreendeu dizendo "nossa, parece outro prédio!" E, naquele momento, parecia incrível o poder daquela câmera, ela traduziu o que eu estava vendo, e eu fui ouvida.

Muito tempo depois, em 2007, eu já casada e com uma filhinha de alguns meses, me vi fotografando cenários de uma gravação onde meu então-marido trabalhava, fotografando flores, detalhes, gente. Mostrei para algumas pessoas e recebi incentivo de um querido professor de cinema.

Me empolguei buscando fotografar o que eu sentia que era importante de ser visto e comunicado. Fiz então, de forma bem espontânea, alguns ensaios com amigas em casa e os resultados foram incríveis. Elas diziam se ver de um outro ângulo, como se estivessem em outro mundo. Isso me parecia tão importante! Era uma forma de dizer "vejo vocês lindas! Se vejam também" E comecei a fazer mais e mais ensaios e surgiu a primeira exposição que se chamava "o feminino e sua natureza".

Segui nestas experimentações até que uma amiga que estava grávida, me pediu que a fotografasse nua. O desafio foi aceito e feito, mas ela não gostou do resultado. Fiquei muito pensativa, pois as fotos estavam lindas...para mim. Mas, um tempo depois ela me disse que na verdade, aquelas fotos refletiam o que ela sentia.

Deste ponto para frente, segui nesta investigação, nessa caminhada tão linda e profunda, fiz outras exposições e a fotografia se tornou uma grande ferramenta de autoconhecimento. Trouxe a fotografia para os partos que acompanhava como doula, para os processos simbólicos da maternidade e dos primeiros vínculos mãe-bebê, para mim.

Percebi que a fotografia é um instrumento de captura do mundo simbólico! Ela mostra não só o que é concreto. Ela vê além.

Pude conhecer fotógrafas internacionais que me incentivaram ao auto-retrato e então vi nesses aprendizados que nosso olhar reflete muito mais do que podemos supor.

Esta sou eu, Nathalie, Fotógrafa, terapeuta, artista visual, doula e mãe de três.

Instagram: @lagingold
E-mail: nathgingold@gmail.com

Não vemos as coisas como elas são, mas como nós somos.
Anaïs Nin

FOTOGRAFIA E AUTOIMAGEM

Foto-grafia, desenhar com a luz. É através da luz que podemos ver a realidade, e eu acredito que é também através dela que podemos mudar a realidade.

De maneira ampla, a fotografia é uma forma de registro do espaço-tempo, muitas vezes, de um momento emocionalmente importante. Embora hoje tenha se tornado popular e, de certa forma, até banalizada, ela segue com seu propósito de fixar momentos dignos de registro. Não um simples registro, mas uma forma pessoal de representar a realidade, de olhá-la, senti-la e dar-lhe forma.

Pelo olhar de fotógrafa e terapeuta, vejo o quanto questões que acreditamos ser "realidade" ou "aspectos físicos" são, na verdade, perspectivas, formas de ver. A fotografia sempre foi um instrumento muito potente para mim. Era como se, através das lentes, eu visse um outro mundo e pudesse não só vê-lo como mostrá-lo aos outros e a mim mesma. A fotografia não é só sobre determinado ângulo, luz e enquadramento, mas sobre nossos sentimentos e nossa memória.

Ela me faz refletir acerca da realidade que acreditamos ser concreta. Na verdade, tudo é interpretação, tudo é símbolo, tudo é relativo a quem vê. Afinal, interpretamos a realidade a partir do nosso olhar. E nosso olhar foi moldado, fomos ensinadas a ver. Assim como nos ensinaram a falar ou a andar. Vemos pelo espelhamento. E, a partir dele, reagimos ao mundo. Muitas vezes, vemos beleza em alguém que não se considera bonita. Ou alguém nos fala de um aspecto da nossa aparência que não reconhecemos. São nossas diferentes visões.

O Olhar e o Sentir

A visão que temos sobre as coisas e sobre nós é construída desde o começo da nossa vida. Não vemos as coisas como são, mas sim como fomos ensinadas a ver. Quem nos deu as primeiras interpretações de nós mesmas? Quem, antes de sabermos quem éramos, nos deu significado? Quem nos viu nascer, qual história contou? Ao nos olharmos no espelho pela primeira vez, quem vimos? Como nos sentimos? Como o olhar do outro influenciou nossa consciência sobre nós mesmas e nossas vidas?

Segundo o psicanalista Lacan, quando nascemos, não compreendemos que temos forma, que somos algo. Estamos num espaço aberto e o único referencial de contorno que temos nos é dado pelas pessoas ao nosso redor, principalmente pela nossa mãe ou por aquela pessoa que mais cuidou de nós.

O olhar deste outro também é revestido de camadas. E isso nos marca para sempre. "Que gordinha", "como se parece com a avó", "que linda com esses cílios tão compridos", "tadinha, vai sofrer com esse cabelo", e por aí vai. Quando nos olhamos pela primeira vez no espelho, vemos essas palavras e sentimentos refletidos. E isso não cessa após o primeiro espelho. Temos padrões de beleza, de gênero, cultura, família... Temos muitas palavras ainda para assimilar até chegarmos ao ponto de questionar e de buscar um olhar diferente, pessoal.

Nossa autoestima começa na forma como nos enxergamos e como nos sentimos a respeito dessa imagem. Temos ou não temos estima por ela?

Mudar o sentimento muda a imagem.

Mudar o olhar muda a imagem.

Mudar o olhar mudar o mundo.

Vamos seguir juntas para construir um novo olhar sobre nós?

SUGESTÃO DE PRÁTICA — PARA AMPLIAR A VISÃO

A realidade é mutável. Através do nosso olhar moldado na infância e na fase adulta, construímos a realidade que vivemos. Se lançamos um novo olhar sobre essa realidade, podemos modificá-la e ressignificá-la.

Mas como mudar o olhar?

Primeiro, tomando consciência de si mesma.

Segundo, através de exercícios que nos ajudam a sentir e a nos ver de forma diferente.

Terceiro, praticando.

> *"Nós éramos lindos, antes mesmo deles saberem o significado de beleza.*
> BEYONCE

Neste momento, te convido a limpar suas lentes, a ampliar sua percepção e a olhar com carinho para a mulher que vê refletida. Há uma conexão direta entre aquilo que é definido como belo e o poder, então, vamos buscar inspiração e poder em alguns arquétipos de Deusas que existem em nós.

Iremos trabalhar essa vivência em três partes, que podem ser feitas no mesmo dia ou em momentos diferentes. Se sentir de adicionar elementos, fique à vontade. De forma geral, você irá precisar de:

1. Uma câmera de celular
2. Um aparelho para tocar música (pode ser o próprio celular)
3. Espelho
4. Um lugar iluminado
5. Acessórios e maquiagem que possam fazer referências a diferentes Deusas[1].

Você pode fazer os exercícios sozinha ou com auxílio de uma amiga íntima. O importante é que seja algo divertido e sem a ideia de certo ou errado.

Para iniciar cada exercício, primeiro você pega os acessórios de cabelo, os brincos e a maquiagem, posiciona-se na frente do espelho e se prepara. Você irá usar a câmera de trás do celular. Fotografe olhando diretamente para a câmera, sem o auxílio do espelho, e busque dizer através do seu olhar o que você sente. A foto será feita " às cegas", ou seja, espere para ver as fotos quando terminar os exercícios, deixando-se levar pelas Deusas. A intenção é sentir e transmitir sentimentos à câmera, por isso vamos buscar inspiração em suas memórias e em arquétipos relacionados às Deusas. As fotos vão ajudá-la depois a lembrá-la como você se sentiu. O objetivo, então, não é fazer fotos perfeitas, bonitas ou posadas.

Em cada exercício, serão sugeridas algumas músicas, mas fique livre para escolher outras, se assim preferir.

---

[1] Os acessórios e a maquiagem são opcionais. Mas o intuito é que possam compor nosso rosto e nosso corpo de forma lúdica, ajudando a nos conectar com as Deusas.

A Donzela

Aqui os acessórios são coloridos, lúdicos, leves, trazendo liberdade e espontaneidade. O ar é o elemento. Acessórios para os cabelos, chapéus, tiaras, maquiagem leve, colorida e jovem são super indicadas. Permita-se ser uma donzela, uma jovem de inocência divertida, cuja imaturidade traz leveza e que é orientada pelas mudanças constantes, como uma borboleta.

Escolha uma música que te leve para esta sensação, com um ritmo descontraído, alegre. Algumas sugestões: "Girls just wanna have fun" de Cyndi Lauper, "Touch the sky" da animação "Valente"(Disney), "Maria, Maria" de Milton Nascimento.

A Deusa que você irá encarnar é a Bast, deusa egípcia em forma de gato, que leva tudo na brincadeira, se joga, é criativa e sem medo de rir. Permita-se sentir que o brincar é poderoso.

Quando estiver pronta, pegue seu celular e deixe a câmera a postos. Lembrando: você vai usar a câmera traseira, sem a imagem refletida da selfie. Deixe o espelho de lado, coloque sua música, respire fundo e feche os olhos.

Neste instante, você vai se permitir lembrar de um momento da sua infância ou adolescência em que estava muito feliz. Busque detalhes: como você estava vestida, quem estava com você, em que lugar você estava, se tinha alguma música ou cheiro presente. Deixe-se entrar totalmente em contato com as sensações e os sentimentos.

Quando sentir que está pronta, abra os olhos e tire fotos suas, contando com seus olhos o que está sentindo naquele momento. Faça quantas fotos quiser, fale com a câmera, mostre para ela o que aquela lembrança te traz.

A Rainha

Aqui, os acessórios e a maquiagem são solares, chamativos, brilhantes, cheios de poder e têm como base cores quentes, como vermelho, amarelo e dourado. O fogo é o elemento. Tudo vibra sensualidade, poder e coroa. Batom vermelho é super indicado. Permita-se ser uma rainha, mulher madura que sabe o que quer e sente prazer em ser quem é.

Escolha uma música que te leve para esta sensação, com um ritmo potente, sensual.

Sugestões de músicas: "Vogue" da Madonna, "Who run the world? Girls!", de Beyoncé e "Tigresa" de Maria Bethânia.

A Deusa que você irá encarnar é a Afrodite, deusa grega do amor. Ela é fértil, deleita-se com a vida, sabe o que quer e escolhe o que mais lhe dá satisfação. O poder aqui é reconhecer o prazer.

Quando estiver pronta, pegue seu celular e deixe a câmera a postos. Lembrando: você vai usar a câmera traseira, sem a imagem refletida da selfie. Deixe o espelho de lado, coloque sua música, respire fundo e feche os olhos.

Neste instante, você vai se permitir sentir, ou lembrar, ou se imaginar em um momento de potência na sua vida. Busque detalhes, pode ser uma lembrança ou algo que você deseja muito. Deixe-se entrar totalmente em contato com a sensação de poder e de prazer.

E então, quando sentir que está pronta, abra os olhos e tire fotos suas, contando com seus olhos o que está sentindo naquele momento. Faça quantas fotos quiser, fale com a câmera, mostre para ela como se sente sendo uma rainha.

A Feiticeira

Aqui os acessórios e maquiagem são escuros, em tons terrosos, roxos e pretos, com predominância dos olhos. O elemento é a água profunda, com a inspiração dos sonhos e das bruxas.

Escolha uma música que te leve para uma sensação de mistério, com um ritmo intenso. Sugestões: "Carta de amor", com Maria Bethânia; "The mystic's dream", com Loreena Mckennitt e "Hino à Hécate", de Ícaros.

Se imagine já com um olhar diferente sobre a realidade, você já viveu muito, já aprendeu muito e agora vê tudo sob uma outra perspectiva.

A Deusa que você irá encarnar é a Baba Yaga, a bruxa da história ancestral russa "Vasalisa, a sabida". Ela encarna todas as características mais conhecidas das bruxas, é velha, estranha, tem um nariz pontudo, olhar desafiador e certamente assusta. Ela já viveu muito, já acumulou muita sabedoria e se movimenta de uma maneira totalmente única . Ela vê o que mais ninguém vê, tem segredos e sabe lidar com as mortes e transformações da vida. Ela representa nosso lado interno, escondido, bruxa.

Quando estiver pronta, pegue seu celular e deixe a câmera a postos. Lembrando: você vai usar a câmera traseira, sem a imagem refletida da selfie. Deixe o espelho de lado, coloque sua música, respire fundo e feche os olhos.

Neste instante, você vai se permitir entrar em contato com sua bruxa. Busque detalhes de como se sentiria se fosse a Baba Yaga, deixe-se entrar totalmente em contato com seus sentimentos.

Finalmente, quando sentir que está pronta, abra os olhos e tire fotos suas, contando com seus olhos o que está sentindo naquele momento. Faça quantas fotos quiser, fale com a câmera, mostre para ela como uma bruxa olha para a câmera.

E então, qual dessas Deusas foi a mais fácil de encarnar? E qual foi a mais desafiadora?

Como você se sentiu ao vivê-las e de quais fotos mais gostou?

Permita-se experimentar novas formas de se maquiar, de se fotografar e de se ver. Assim, você começa a soltar as camadas relacionadas a sua beleza e se permite a abertura a algo totalmente novo.

OUVIDOS

Cláudia Inácio de Araújo

Cântico XII

Não fales as palavras dos homens.
Palavras com vida humana.
Que nascem, que crescem, que morrem.
Faze a tua palavra perfeita.
Dize somente coisas eternas.
Vive todos os tempos
Pela tua voz.
Sê o que o ouvido nunca esquece.
Repete-te para sempre.
Em todos os corações.
Em todos os mundos.

Cecília Meireles

Dizem que nossa força está onde nossos antepassados se originaram.

Como quem tange tropas ou busca um solo fértil para arar, fui percorrendo o território paulista, desde meu nascimento até meus atuais quarenta e oito anos de idade.

Vinte e cinco endereços, em cinco cidades. Mudo de casa sempre que um lugar não me cabe mais, como fizeram meus ancestrais vindos do outro lado do Atlântico. Enquanto permaneço, cultivo o local que me abrigou, como fizeram os guaranis, cujo sangue compõe meu DNA.

Da necessidade familiar de ter um chão para chamar de seu e ver brotar seus descendentes, fui enraizada por uma simpatia de minha avó materna, que tinha como hábito plantar o cordão umbilical dos netos, ao pé da roseira vermelha, no jardim frontal de seu casarão, na rua da feira, em uma cidade do noroeste do Estado, em que cada habitante tem seu próprio Sol para chamar de seu.

Dizem que nossa força está onde nos originamos.

Com o ímpeto desse chamado, duas décadas depois, voltei para a terra onde nasci, a cálida São José do Rio Preto. Cidade que também se tornou o marco zero de duas crianças que trouxe ao mundo, em parceria com o homem que escolhi.

Seguindo a tradição, os cordões umbilicais de Renato e Luísa foram plantados ao pé da mesma rubra roseira que espreitava o movimento dos feirantes nas manhãs de sábado.

Há dez anos o casarão que nos viu chegar ao mundo virou memória, assim como todos da terceira linhagem de minha árvore genealógica, tanto materna, quanto paterna.

Restaram as histórias.

Os avós pouco escreviam, pouco liam. O prazer de ler e escrever era forte concorrente da dura rotina de trabalho para a sobrevivência, as histórias eram trocadas nas horas de restauração do corpo. O privilégio do deleite com a leitura coube a mim, que pude conquistar um diploma de magistério, outro de biblioteconomia e tantos outros que satisfizeram minha curiosidade ávida por percorrer distâncias mentais, tal qual percorre distâncias topográficas.

Liderança feminina, Contoterapia e Constelação Familiar são alguns exemplos das formações complementares às quais me dediquei como forma de honrar todos que vieram antes e me trouxeram até aqui.

Sou grata a cada uma dessas experiências que me compuseram. Porém, devo contar que trocava sem piscar um desses papéis diplomados por uma noite com minhas avós e suas histórias de lobisomens, sacis e todos os encantados que habitavam (habitam) o sertão quando meus pioneiros aqui aportaram.

Desejo que meu legado também seja impulsionar os que vierem depois para que encontrem seu lugar no mundo, mesmo que seja itinerante, mas que sempre encontrem um ponto de força ao olhar para as histórias que os precederam.

Um pouco do meu trabalho pode ser encontrado aqui:
https://linktr.ee/claudia_araujo

O PODER DE CURA DAS HISTÓRIAS DE "MULHERES QUE CORREM COM OS LOBOS"

Ouso dizer que todas as mulheres que caminham, caminharam ou caminharão sobre a Terra conhecem Clarissa Pinkola Estés e seu livro Mulheres que correm com os lobos. Pois mesmo aquelas que nunca escutaram suas histórias já as escutaram. Porque as vozes captadas por Clarissa, nas dezenas de contos que ouviu pelo mundo e compilou em seu livro, pertencem às nossas antepassadas – elas, que mantiveram essas histórias vivas em nosso imaginário coletivo e presentes em nosso material genético, percorrendo gerações.

Podemos chamá-las por muitos nomes: Ana, Noêmia, Carmem, Francisca, Helena, Maria, Lola, Lídia, Cora, Joana, Dulce, Rosa, Tânia, Isabel, Hilda, Gorete, Iolanda. E podemos conhecê-las por muitas funções: curandeira, parteira, rezadeira, costureira, xamã, benzedeira, sacerdotisa, erveira, feiticeira, cozinheira, líder, contadora de histórias... Mas, aqui, chamaremos todas as nossas antepassadas de avós.

As histórias que nossas avós nos contaram remontam ao tempo em que a mulher era selvagem, natural, conectada com a essência da natureza. Os contos coletados por Clarissa falam justamente da perda dessa conexão, em razão dos padrões sociais que nos domesticaram. Tão difamado foi o aspecto selvagem dos seres humanos que, ao buscar sinônimos para a palavra, encontramos: "cruel", "malvado", "feroz", "revolto", "bárbaro", "impiedoso" e "desumano". Também não é de se estranhar que, ao pensarmos em lobo, logo nos venha à mente a palavra "mau", como se fosse uma única composição: "lobo mau".

Ora, se selvagem é tudo o que está relacionado com sua forma original e vivente em harmonia com a natureza, como podemos aceitar que seja entendido como ruim e danoso? A resposta está no processo de dominação que o patriarcado estabeleceu no mundo — para sobrepujar o outro, usou a estratégia de desqualificá-lo como inferior. Como se a ideia de que existem pessoas superiores pudesse justificar o poder e a dominação. Associar o que é selvagem com o intolerável foi, portanto, uma maneira de validar sua domesticação predatória.

Todavia, mesmo que nossa ancestral mais próxima também tenha sofrido com os efeitos da domesticação das mulheres, nossas avós de um passado milenar vêm nos sussurrar aos ouvidos e nos relembrar daquilo que existe latente dentro de cada uma de nós: aquilo que está apenas aguardando o tempo de se manifestar novamente; algo que conhecemos desde nossas entranhas, a nossa mulher selvagem.

Quem pode dizer como se comporta uma mulher selvagem, se esse é um trabalho de escavação de nossas estruturas psíquicas primitivas? Um trabalho que nos leva a escavar camada por camada da grossa poeira de domesticação que nos foi imposta. Esse é um processo coletivo de relembrança, por isso trabalhamos em alcateia, como os lobos, para que umas apoiem as outras, para que juntas possamos seguir as pistas das avós.

Como é para você se guiar pelos seus instintos? Como é se comportar de forma natural? Como é seguir os desígnios da alma? Essas são algumas pistas. Clarissa nos traz outras.

Ela nos conta que lobos saudáveis e mulheres saudáveis têm muito em comum, pois são gregários, andam em bandos, brincam, procriam, repousam, perambulam, defendem seu território e protegem uns aos outros. Possuem percepção aguçada, capacidade de adaptação e uma forte conexão com o sagrado. Aceitam que a vida é cíclica, respeitam os que são mais experientes, alimentam-se de forma sustentável, resguardam a ninhada até que as crias estejam prontas para enfrentar seus próprios desafios. E, sobretudo, são corajosos, fortes e resistentes.

Seguindo as pegadas dos lobos, podemos nos questionar sobre nossos próprios comportamentos. Aproximamo-nos de pessoas que compõem uma teia de amparo? Respeitamos nosso sono? Permitimo-nos brincar? Temos relacionamentos de troca equilibrada? Nutrimos nossos corpos suficientemente? Estamos conectados à nossa intuição? Sabemos a hora de avançar e defender nossos interesses?

Sim, parece tão natural! Mas a vida não segue roteiros... Precisamos desaprender muitos comportamentos sociais para voltarmos à natureza. As histórias ancestrais nos conduzem nesse caminho de volta para casa, ajudando-nos a resgatar nossa sabedoria interna. Com La Loba, aprendemos a reconhecer os ossos psíquicos mais raros para cantar e resgatar a mulher selvagem. Com o Barba Azul, aprendemos que nosso íntimo também possui um predador interno, que nos sabota e, por vezes, espelha-se nas pessoas com as quais nos relacionamos. Com Vasalisa, aprendemos a ouvir nossa intuição e a separar apenas o que tem valor para a alma. Com Manawee, aprendemos que o parceiro certo está pronto para compartilhar os segredos e mistérios femininos. Assim, caminhamos com os contos de Mulheres que correm com os lobos e recolhemos nossas próprias pistas para nos aproximarmos cada vez mais de nós mesmas.

Ao evocar os contos curativos, nossas avós ensinam que o verdadeiro poder é o poder sobre nós mesmas e não sobre os outros. Além disso, revelam que apenas aquilo que somos tem o poder de nos curar.

Assim, mesmo que nunca tenhamos lido ou ouvido os contos que nos fazem correr com os lobos, eles pertencem à herança que recebemos de nossas avós. Mesmo sem conhecê-los, já os conhecemos! E tal qual aquelas que nos antecederam, deixaremos essas histórias como legado para as próximas gerações.

Você já consegue ouvir nossas avós inspirando o caminho a seguir?

SUGESTÕES DE PRÁTICA

Prática 1 - Conectando sua força ancestral

Convido você, neste momento, a visualizar a sua mulher selvagem para receber um presente intuitivo de sua ancestral. Será um movimento sistêmico simples e, para ele, você vai precisar de algum objeto que possa representar essa mulher. Siga os passos abaixo, inspirados pelo Familienstellen, a constelação familiar em seu nome original, cunhado pelo alemão Bert Hellinger.

1. Em um ambiente tranquilo, preferencialmente em que possa estar sozinha, sente-se confortavelmente e procure se conectar com os sons ambientes, percebendo o que está ao seu redor.

2. Realize cinco inspirações profundas. Em cada uma delas, conte, mentalmente, cinco tempos para cada inspirar e outros cinco para exalar. Aos poucos, volte sua atenção para si mesma e se desligue dos sons externos.

3. Siga respirando naturalmente e percebendo o pulsar de seu coração em diferentes partes do seu corpo.

4. Mentalize uma mulher em sua frente; ela não precisa ter rosto, nome ou forma.

5. Abra os olhos, fixe o olhar no objeto que escolheu para representá-la e imagine que está diante da mulher que mentalizou.

6. Olhe fixamente, ouça, perceba, intua e aguarde uma mensagem de sua mulher selvagem. A mensagem pode vir por telepatia, em um sonho, pela letra de uma música, na carta do tarô, ou de outra maneira. Apenas, confie e mantenha-se aberta para ouvir.

Repita esse exercício quantas vezes desejar.

Prática 2 - Apurando sua audição

Que tal apurar a audição, assim como nos ensina Clarissa Pinkola Estés?

Ser selvagem é resgatar o natural em nós, apurar os sentidos embotados pela correria diária é uma forma muito simples de deixar aflorar o natural. Colocar sua atenção no toque, no paladar, na visão, no aroma e na audição, sem que esteja no modo automático é praticar o estado de presença, almejado na meditação. Assim, lhe convido para praticar a audição, tema desse capítulo, mas sinta-se à vontade para repetir o mesmo estado de presença com todos as demais habilidades sensoriais, para fortalecê-las e aflorar ainda mais seu sexto sentido, a intuição, que também é uma forma refinada de inteligência.

Sem sair de sua rotina, eleja um dia do silêncio, quando você poderá abdicar do direito de falar ou reduzir a fala ao essencial. Centre sua atenção na audição. Evite usar fones de ouvido. Tal qual uma loba, busque perceber os sons do seu ambiente.

- Quais são os sons comuns em sua habitação, local de trabalho, de estudo, de lazer ou naqueles que frequenta em sua rotina? Se fechar os olhos é possível perceber qual é esse local apenas pelos sons?

- Existe música no ambiente? Como se sente ao ouvi-la? Pertence à alguma memória, um momento especial da sua vida? Já tinha ouvido antes? Como é a voz que canta? Identifica os instrumentos? Você sente vontade de dançar? Pode fazer isso no ambiente em que está?
- Se for possível inicie uma conversa com alguém, mas deixe que a pessoa fale e ofereça audição atenta. Perceba quantas vezes terá vontade de emitir sua opinião, de também contar algo. Resista à fala, apenas ouça com a máxima atenção que for capaz de doar. Repita com outras pessoas, se sentir vontade.
- Em algum local aberto, tente perceber qual o som mais longínquo que consegue ouvir: o motor de um carro, o canto de um pássaro, uma música, quão longe sua audição alcança? Esse exercício pode ser feito no momento de dormir também, não é raro cair em um sono profundo com essa prática que alguém me ensinou quando era criança e tinha dificuldade de desligar a mente.
- Crie você mesma um outro exercício de audição atenta, bem como dos outros sentidos! Pode ser bem divertido!

Prática 3 - Ouvindo histórias familiares

Essa prática é um convite para criar seu próprio baú de histórias medicinais. Converse com suas irmãs, primas, mãe, tias, avós, bisavós, consanguíneas ou das famílias em que se sente inserida.

Busque saber das histórias das pessoas que vieram antes de você. De onde vieram, como sobreviviam, com o que trabalhavam, houve algum destino difícil, quantas crianças foram geradas, tiveram parcerias significativas, como ganhavam seu sustento?

Você pode usar o gravador de voz do celular, anotar em um caderno, memorizar ou apenas ouvir e deixar ir. Como sentir vontade.

Reconte essas histórias para alguém se sentir que é uma partilha medicinal, tal qual nos ensina Clarissa.

Boas práticas!

LÍNGUA

Naiara Magalhães

Tua língua em meu mamilo água e sal.

Zeca Baleiro (Bandeira)

Fui uma criança que gostava de contar histórias por escrito e isso acabou me levando ao jornalismo. Apesar da escolha feita de maneira um tanto ingênua, a profissão logo me pareceu um caminho interessante por me permitir também saciar meu interesse por (quase) qualquer coisa e exercitar a vocação que sempre tive para a escuta.

Ali pelos idos de 2009, quando já havia me mudado de Belo Horizonte, onde nasci e cresci, para trabalhar numa grande redação em São Paulo, comecei a praticar ioga para dar conta do estresse da profissão e da vida na metrópole. Avivou-se aí minha curiosidade pelo universo do autoconhecimento. E veio com força a necessidade de me tornar íntima do que se passa pele adentro.

Foi literalmente a minha pele, aliás, ao passar por um processo de adoecimento, entre 2016 e 2018, que me conduziu em uma jornada transformadora de descobertas pessoais e de autocura. Esse processo, amparado em grande parte nos conhecimentos da medicina ayurvédica e na alquimia dos alimentos, mas também na aromaterapia, no kung fu, na meditação e na psicoterapia, foi me mostrando a beleza de trilhar um caminho espiritual guiada por este corpo, um precioso aliado que trabalha como um oráculo, sinalizando o que preciso olhar, cuidar e transmutar profundamente, usando os cinco sentidos e além.

A organização deste livro foi meu primeiro trabalho feito integralmente com mulheres para mulheres e abriu alas para outras dois: a criação de uma oficina de escrita erótica para o Festival TeSer da Primavera e a escrita de um outro livro, uma coletânea de entrevistas com mulheres do mercado financeiro, contando suas lutas e glórias num ambiente essencialmente masculino. Três grandes prazeres e alegrias.

A CURANDEIRA QUE HABITA EM MIM SAÚDA A COZINHEIRA QUE HABITA EM VOCÊ

Sempre que chego de viagem, sinto que aterrissei para além do corpo, no momento em que a geladeira está cheia e o vapor das panelas toma conta do ar, exalando perfume de alho, cebola, cominho, manjericão. Toda vez que mudo de casa, antes de abrir qualquer mala à procura de roupa ou toalha de banho, me ocupo do meu ritual de arrumar um bom cantinho para cada faca, peneira, cumbuca, grão. Assim, em pouco mais de hora, sinto que tenho de novo um lar para chamar de meu — ainda que as plantas estejam meio moribundas, a gata estressada e eu não saiba nem o que há na esquina.

Como muitas pessoas no mundo inteiro, sou de uma família que levou a vida adiante através da cozinha. A bisavó de meu pai foi cozinheira oficial de políticos, no interior de Minas Gerais. Ele próprio, um homem sensível e intuitivo que flertou com o desejo de se tornar fotógrafo ou escritor, quando mais jovem, encontrou na culinária não só uma forma de garantir o sustento da família, mas também de se expressar. Minha mãe, apesar de dizer que não é grande coisa na cozinha, faz um frango, aos domingos, que eu teria gosto em apresentar a uma chef que admiro. Não por corujice pura, mas porque faz sentir na boca a alquimia de três ingredientes imbatíveis: capricho, fogo e tempo.

Antes da vida adulta, fazia na cozinha basicamente coisas que podiam entreter uma criança que queria ficar perto do pai, enquanto ele trabalhava — cortar as bolinhas do nhoque, ralar o queijo ou abrir a massa cozida da lasanha antes que as folhas grudassem umas nas outras — com o desafio de não queimar as mãos e ainda construir uma pilha à prova de desmoronamentos. Comecei a cozinhar mesmo — café, almoço, jantar — só aos 21, quando fui morar em outra cidade. E, apesar de poucas vezes na vida ter feito sequer um refogado sozinha, até então, percebi que sabia como preparar uma comida caseira do meu agrado porque tinha viva em mim a memória dos cheiros, sabores e gestos. Das temperaturas.

Dos tempos. Da coreografia que se faz na cozinha quando se põe amor no prato todos os dias, geração após geração.

E, assim, cozinhar foi se tornando meu refúgio. Um refúgio visitado diariamente, à parte o acelerado da vida. Uma oportunidade de pausa na lista de tarefas por resolver. Breve suspensão do tempo de Chronos para sentir, saborear, aterrar. Uma chance de conexão, cuidado e despertar de um corpo urbano que passa boa parte do dia anestesiado, cedendo energia para a mente funcionar em sua máxima capacidade.

Para cozinhar uma boa comida, é preciso estar de corpo e alma presentes. Sem isso, ela queima, salga, passa do ponto. Esmaece sua capacidade de nutrir, dar prazer, fazer inspirar longamente e desmanchar num suspiro. Cozinhar é, ao mesmo tempo, ser curado e curar.

Preparar o que nos alimenta é um lembrete de que somos parte de algo maior. Se o dia está calor lá fora, a água ferve rápido na panela. Se a temperatura cai, os processos ficam mais lentos. Num dia quente de verão, a sensualidade é convocada pelas cores vibrantes, a tez firme e a suculência dos alimentos crus. Nas estações frias e secas, o corpo pede comida quente, macia e cremosa, lembrando conforto do colo de mãe.

Assim como a natureza, e os alimentos que ela nos dá, somos feitos de água, terra, fogo e ar. Estar atento a isso é entrar em conexão com nossa grande mãe, e reverenciá-la, mesmo estando dentro de um apartamento cercado de cinza por todos os lados.

As reflexões que faço aqui surgiram a partir de uma frase dita por uma amiga muito querida, brincando de repetir a mãe dela: "O problema nem é cozinhar, é decidir o que cozinhar, todo dia". A sensação que tenho é que essa frase ficou passeando pelo meu corpo por um tempo, sem conseguir encontrar uma brecha para penetrar. Simplesmente não encaixou. Para mim, parte do barato de cozinhar está em renovar a capacidade de agradar meus sentidos, meu espírito e minha fé na vida com um repertório muito simples de ingredientes e preparos. Todo dia. Como quem se dedica, cotidianamente, a renovar um amor da vida toda. É sagrado, é simples e lindamente humano.

Meu jeito de fazer isso é praticando o que a fantástica Neide Rigo chama de "cozinha circunstancial" (se nunca ouviu falar da Neide, procure saber, vale muito a pena!). Olhar o que tem na fruteira, geladeira e despensa e criar a partir disso. Coisa rápida, que cozinha de todo dia se faz em não muito mais que meia hora. Pelo menos, no almoço. No jantar, quem sabe dá para esticar e curtir um pouco mais?

Numa dessas, você se sai com uma moqueca de banana-da-terra ou um delicioso chutney de tomate em plena quarta-feira, por que não? A habilidade de variar e fazer novas combinações vai aumentando com a prática. E se arriscar em outros preparos vai ficando mais divertido e com maior chance de acerto. Errar acontece, claro. E fica aquele brio arranhado que faz querer repetir e melhorar na próxima.

Para sair da monotonia e do automático, algo que gosto de fazer é comprar na feira coisas que eu nunca provei antes. Pedir à agricultora ou agricultor que produziu aquele alimento uma dica de preparo. Provar ali mesmo ou perguntar que sabor lembra, para ir pensando na composição do prato a partir do que sei fazer e do que tenho em casa. O Brasil é um país riquíssimo em variedades de alimentos. Cada região é um vasto universo gastronômico. Por que comer sempre feijão preto ou carioca, se há também acesso a feijão verde, de corda, fradinho, branco, vermelho, bolinha… Sem falar nas favas, ervilhas, lentilhas e uma enormidade de outros grãos… Por que prepará-los sempre com caldo, se alguns ficam ótimos mais sequinhos, como vinagrete, ou podem servir de base para um bolinho vegetariano?

Outra coisa que funciona por aqui é ir fazendo recombinações, a partir do que vou cozinhando, ao longo dos dias. Se sobrou arroz, feijão, frango e salada de ontem, em vez de simplesmente aquecer a comida e repetir os mesmos sabores, posso cozinhar outros legumes, assar um quibe de berinjela ou preparar uma guacamole e repetir só o arroz e o feijão. E, assim, vou fazendo ao longo da semana. No dia que o bicho pega de verdade e quase não tenho tempo de preparar nada, aí sim, fico feliz de encontrar um monte de potinhos e fazer aquele self-service maroto que o Brasil adora. Ser uma mãe amorosa para mim mesma e, como filha que chega de visita, ser chamada para comer já com a mesa posta.

Falo dessas coisas como uma mulher comum, que reconheceu na cozinha um lar. Sem qualquer conhecimento técnico ou pretensão de rebuscado. Escrevo como quem estende a toalha, serve um chá e puxa um papo em volta da mesa. E, assim, faz uma ode ao preparo dos alimentos como ato de amor e retorno ao essencial.

SUGESTÕES DE PRÁTICA

Prática 1 - Experimente quebrar o coco

Minha sugestão é que você prepare algo simples, na cozinha, para você – um incentivo para que desenvolva o hábito de cozinhar, mesmo que não haja outras pessoas para te acompanhar na refeição.

Proponho fazer uma tapioca de coco, com um pequeno desafio: usar o coco fresco, que você mesma irá abrir.

Tempo de preparo: 30 minutos. Pode ser mais ou menos, dependendo do ritmo em que você gosta de apreciar pequenos e grandes prazeres.

Se música também te alimenta, coloque algo para tocar, enquanto cozinha.

Para preparar a tapioca:

1. Compre um coco maduro (aquele de casca marrom), na feira ou no mercado de sua preferência. Se precisar, peça ajuda para escolher um que esteja com a carne bem crocante e tenha água de bom sabor. Assim, podemos aproveitar tudo.

2. Procure, entre os três "olhinhos" que formam um triângulo na casca, aquele mais macio, e, então, faça um furo com o saca-rolhas.

3. Despeje a água num copo e, quando tiver sede, beba.

4. Quebre o coco com ajuda de um martelo de cozinha, um pedaço de lenha, um pé de cabra ou simplesmente arremesse o coco contra o chão. É catártico.

5. Rebentada a casca, retire a polpa utilizando uma espátula, colher ou faca. Cuidado para não machucar a mão.

6. Escolha um pedacinho do coco para ralar, usando a parte mais fina do ralador. O restante pode ser congelado, para que dure mais tempo. Depois, aproveite para fazer um leite vegetal, um bolo, ou o que mais queira.

7. Finalmente, prepare a tapioca. Numa frigideira quente, polvilhe a massa (idealmente, peneirada, para ficar mais lisinha). Logo que formar a liga, vire. Agora, acrescente o coco que você ralou. Se gostar da combinação de doce com salgado, pequenos nacos de queijo meia cura dão um contraste bem gostoso. Sem demorar muito, para preservar a maciez da massa, feche a tapioca. Se não colocou queijo, pode passar um pouquinho de manteiga por cima para trazer umidade e fazer aquele derretido na boca. Sirva num prato bonito. E delicie-se. Com café, cai muito bem.

P.S.: Se gostou da brincadeira, você pode buscar um "raspa-coco" comumente utilizado na região nordeste do país. Com ele, você não precisa nem ter o trabalho de tirar a casca. Basta quebrar o "quengo", como se chama regionalmente a cabaça e, então, raspar a polpa por dentro. Usa-se o raspador entre as pernas, com você sentada num banquinho. A imagem que se forma, no conjunto, é superfeminina. No vídeo que você pode acessar pelo QR Code ao lado, quem ensina como fazer é a senhora Maria Ozana da Silva, que não conheço, mas a quem já me afeiçoei completamente, pelo jeito que transmite amor na sua cozinha.

Prática 2 - Kichari de cenoura e beterraba com feijão moyashi

Minha segunda sugestão é uma receita indiana que fiz bastante durante o tratamento de pele sobre o qual comentei antes e virou um coringa na minha cozinha. É muito nutritiva e de fácil digestão, ajudando em processos de eliminação de toxinas – ideal para aqueles dias em que você sente que precisa comer algo leve. Além disso, é comida de uma panela só, super prática de fazer!

Você vai precisar dos seguintes ingredientes:
- 1 talo de alho poró
- 2 cm de gengibre ralado
- 1 beterraba picada em cubinhos
- 1 cenoura picada em cubinhos
- 1/2 xícara de arroz integral agulhinha, lavado
- 1/4 xícara de feijão moyashi, deixado de molho da noite para o dia
- 2 folhas de louro
- 2 colheres (de café) de cominho
- 1 colher (de café) de cúrcuma
- Sal a gosto
- Óleo de gergelim

Coloque na panela um fio de óleo de gergelim e refogue, primeiramente, o alho poró e o gengibre. Em seguida, acrescente o arroz, a beterraba, a cenoura e o feijão moyashi, refogando por mais dois ou três minutos. Acrescente, então duas xícaras de água e adicione a cúrcuma em pó, as folhas de louro, o cominho e sal a gosto. Assim que a água ferver, abaixe o fogo e deixe cozinhar até secar. Cheque se está tudo cozido ao ponto e sirva-se. Acrescente um fio de azeite, antes de comer – dá um toque todo especial neste prato de sabores sutis.

Há muitas outras combinações possíveis no kitchari. Você pode variar os grãos, os vegetais, o óleo utilizado e os temperos. No lugar do feijão moyashi, dá para colocar diferentes tipos de lentilha ou feijão azuki, por exemplo. Em vez de arroz integral, arroz basmati. No caso dos legumes, pode escolher abobrinha, inhame, abóbora, batata doce, bardana, vagem, chuchu ou outros que te caiam bem. Nos temperos, pode adicionar gengibre em pó ou semente de coentro. E no refogado, usar ghee. Também pode acrescentar alguma erva fresca como coentro ou salsa, ao final do preparo.

Prática 3 - Para dias de TPM

Minha terceira sugestão é uma receita simples e rápida para aqueles dias em que você está com uma vontade louca de comer doce, mas quer ter esse prazer sem grandes rebordosas – ou seja, mantendo a linha de uma alimentação saudável. É uma mousse de cacau feita com apenas três ingredientes:

- Cacau em pó
- Abacate
- Mel

No liquidificador ou com a ajuda de um mixer, bata um abacate maduro, duas colheres (de sopa) de cacau em pó e duas colheres (de sopa) de mel. Em apenas alguns minutos, a mistura vai ficar muito cremosa e homogênea, com a cor do cacau. E está pronto! Se preferir, você pode substituir o mel por melado de cana, por exemplo, além de acrescentar uma pitada de canela, se gostar. Fique à vontade para ajustar as quantidades dos ingredientes, de acordo com o tamanho do abacate.

GARGANTA

Fabiana Higa

Desajeitada
Desafinada
Desmoldada
Não adaptada

Ela é selvagem
É livre
É potente

Seu uivo ecoa
Não é apenas sua voz
Seu uivo é seu próprio ser

Fabiana Higa

Tenho 42 anos e sou descendente de okinawanos. Nasci em 1980 e, quando criança, gostava de escrever, de dançar e de ir à igreja!

Quando tinha 18 anos, conheci uma mestra cigana que pontuou claramente que os conflitos e somatizações que eu estava passando naquela época eram relacionados a dificuldades que eu tinha em compreender aspectos internos do feminino. De fato, eu achava que tudo o que se relacionava a este universo era inferior. Por uma herança cultural e influenciada pela ascendência japonesa, via erroneamente a figura feminina como submissa e frágil. Em minha juventude, submissão e fragilidade eram inimigas de tudo o que eu desejava buscar e conquistar naquela fase que considerava tão potente. Foi a partir desta negação que pude mergulhar no processo de redescobrir o feminino.

A partir daí, ao longo dos anos, os caminhos se desdobraram sempre com o feminino como um fio condutor. Até que numa fase posterior, com o casamento, o parir, o maternar e também o trabalho atendendo gestantes como parteira, proporcionaram-me estar em conexão com essa energia de maneira intensa e visceral.

Conhecer o trabalho de Soledad e Tassia, com o TeSer, foi um divisor de águas para mim, pois elas têm visões muito amplas e inclusivas sobre o trabalho com mulheres. Elas proporcionam um campo de liberdade para que cada mulher em formação enquanto líder acesse seu ser em potência autêntica e autônoma, sem moldes e receitas prontas. Ver cada mulher revelando sua beleza tão única me fez chegar e ficar!

Com relação à espiritualidade, tive uma fase em que senti que a prática religiosa limitava muito em dogmas o acesso a uma espiritualidade real e acabei me afastando dos moldes concretos das igrejas. Anos mais tarde, percebi que o caminho religioso passou a fazer sentido novamente por me oferecer disciplina e forma, e assim hoje também sou missionária em uma igreja japonesa.

Pude visitar o lar dos meus antepassados, na Ilha de Okinawa, sul do Japão, o que me permitiu voltar à raiz do meu ser. Um encontro acalentador e cheio de significados, onde entrei em contato com tantos sentimentos e lembranças. As peças se juntaram e o desejo de fazer as pazes com a ancestralidade e com tudo aquilo que um dia havia negado ressoou em mim de maneira bela e intensa. Naquele espaço-tempo eu me re-conheci.

Costurando e integrando estas vivências, escrevi o livro-oráculo *Shinguetsu no Mine — O luar reflete na espada*. Depois de 4 anos de escrita e preparo, foi publicado em 2021. É um livro sobre conceitos japoneses e sabedorias orientais que podem nos inspirar no trabalho com as energias femininas e masculinas.

Hoje sou filha, mãe, esposa, missionária, parteira e escritora.

Podem me encontrar nas redes:

Instagram: @fabianahiga | @livro_oraculo_luar_espada

LIBERTANDO O UIVO DA LOBA

Quando nossa voz foi calada?

No mesmo momento em que nossa sexualidade foi reprimida e nossas ideias controladas. Existe uma relação íntima entre o canal vocal e o canal vaginal. Do ponto de vista fisiológico, são estruturas com muitas semelhanças, como podemos observar nas ilustrações abaixo:

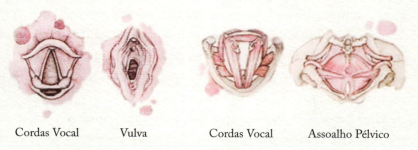

Cordas Vocal   Vulva   Cordas Vocal   Assoalho Pélvico

© Hawkes Bay Pelvic Health & Women's Physiotherapy – Ilustrations by Luisa Alexandre

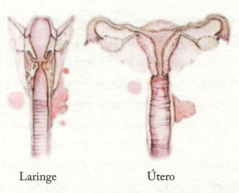

Laringe   Útero

© Hawkes Bay Pelvic Health & Women's Physiotherapy – Ilustrations by Luisa Alexandre

Ambas são fisicamente interligadas pelo nervo vago, que conecta o cérebro ao abdome.

Também na nomenclatura essas duas estruturas são similares: "cérvix" se refere ao colo uterino (ligado ao canal da vagina) e "cerviz" faz referência ao pescoço (ligado ao canal da garganta), daí a palavra "cervical", que usamos com mais frequência.

Assim como o canal vocal está intimamente ligado ao canal da vagina, a boca está relacionada com a vulva. Ambas são canais de conexão com o mundo externo. O relaxamento dos músculos da mandíbula leva a um intenso relaxamento dos músculos do assoalho pélvico. Se tivermos os canais vocais livres e desimpedidos, a mandíbula solta; e com a boca relaxada, podemos sentir uma grande liberação da bacia, do canal vaginal e da vulva. Igualmente sentimos o umidecer da boca e também da vagina.

Podemos, então, dizer que o canal vocal está diretamente relacionado ao feminino, à sexualidade, ao prazer, ao nascimento e ao empoderamento sobre nossa voz autêntica no mundo. Gemer, cantar, vocalizar são grandes ferramentas de cura e equilíbrio das energias femininas. Adiante, vamos nos aprofundar em um dos aspectos desta grande estrutura da voz: o uivo da loba.

Lembre-se das vezes em que já se pegou com dores nas cordas vocais, a voz rouca, trêmula, inchaço na garganta e a sensação de ter engolido um sapo.

A voz relaciona-se profundamente com o ser. Quando ainda bebês, aprendemos que emitir determinados tipos de sons resultava em diferentes respostas vindas das pessoas à nossa volta. Ou seja, aprendemos, aos poucos, que cada uso da nossa voz traz certas reações: irritação, sorrisos, risadas... Pode trazer também silêncios. Com a voz podemos pedir, ordenar, provocar ou transmitir amor.

Para a criança, plena de seu corpo biológico, há somente a expressão natural do ser. Não há filtros. No entanto, à medida que crescemos, regras e exigências da sociedade começam a aparecer. Naturalmente, moldamo-nos e a nos adaptamos ao que é externamente aceito e correto: voz grossa para os homens, voz baixa e dócil para as mulheres. Não gritar, não provocar e não irritar.

Seguindo a linha do tempo, quando a voz se torna capaz de transmitir ideias mais elaboradas, passamos a ser criticadas também pelo seu conteúdo, ou seja, pelos pensamentos expressos em nossa fala. Em um nível coletivo, sem nos darmos conta, nossa voz passa a ser apontada e, muitas vezes, calada.

Ao longo de gerações, toda a liberdade e todo o poder que as mulheres tinham sobre seus próprios corpos foram castrados e passamos a não ter mais autoridade sobre nós mesmas. Fomos ensinadas que não podemos saber mais sobre nossos próprios corpos do que a medicina, a ciência e a religião. E quem comanda o que devemos saber e como devemos sentir são todos, menos nós mesmas.

Afinal de contas, quem é uma mulher para dizer o que sente e o que deseja? Quem é ela para decidir sobre ter ou não ter filhos? Como ousa abrir a boca para discursar em alto e bom som a respeito de políticas sociais, empreendimentos e justiça? Quem é ela? "Uma louca, histérica", dizem. Uma rebelde, que precisa ser amordaçada e contida.

Assim, o pensamento da mulher livre, loba, selvagem e biológica foi domado, não podendo mais virar palavra e ganhar mundo. Para sobrevivermos em meio a tanta violência e dominação, aprendemos a nos calar.

Aprendemos a silenciar nossos pensamentos e emoções. E, ao esconder nossas vozes, com medo de sermos apontadas e subjugadas, escondemos a nós mesmas.

O calar da autonomia sobre nossos corpos está presente também no contexto do parto-nascimento de nossos filhos. Eis aí um evento máximo da sexualidade feminina. Como parteira, vejo que as mulheres perderam sua voz, seu poder de escolha, sobretudo seu empoderamento. A voz única de cada uma delas foi substituída pela voz das instituições, que hoje ditam o que é melhor, o que é ideal.

Mulheres não deveriam ser perseguidas, caladas e julgadas simplesmente por quererem decidir sobre seus corpos. Mulheres sabem exatamente o que se passa dentro de si, com seus filhos. Basta se conectarem íntegras com sua natureza geradora mais perfeita, que é a vida acontecendo dentro de si.

Uma vez, ouvi de uma comadre: "Eu pari minha filha e recuperei minha voz". Esta fala me marcou e percebi como o empoderamento está intimamente ligado à expressão livre do ser. O quanto a voz livre manifesta a pessoa inteira, em sua essência. Percebi também o quanto a expressão livre da voz pode nos fazer renascer, seja parindo um filho, seja dando a luz a uma nova mulher.

A seguir, proponho uma prática de vocalização que pode nos ajudar ampliar nossa percepção e consciência a respeito desta íntima ligação entre a voz no mundo, o empoderamento feminino e a sexualidade.

SUGESTÕES DE PRÁTICAS

Prática 1 — Aula de canto às avessas

Primeiramente, quebraremos o tabu da "bela voz". Proponho algo como uma aula de canto às avessas, onde vamos treinar o desafinar.

Experimente dizer para si:

"Eu me permito cantar com a voz grotesca, eu me permito desafinar, eu me permito cantar rouca".

Mesmo que seja por alguns instantes, experimente romper com toda a adequação à qual você se submeteu por anos. Algumas sugestões de como fazê-lo:

Cante músicas explorando diversas "vozes" — a voz rouca, a foz "frouxa", a voz grotesca, a voz de bicho, a voz desafinada, a voz "larga", a voz que não deseja nada além de sair do corpo de maneira que ela quiser, sem nenhuma preocupação com moldes. Como você se sentiu? Você percebe nuances de sua voz, que nunca havia entrado em contato? Em que momentos a vida te chama para colocar livremente sua voz no mundo?

Prática 2 — A voz do corpo todo

Juntamente com a respiração, relaxe a mandíbula, deixando o queixo caído e a boca entreaberta. Sinta a boca relaxada, como se os lábios ficassem inchados e a língua estivesse "alargada" na boca, em repouso. Movimente sua cabeça, liberando a região do pescoço e cervical. Movimente os braços, como se estes fossem asas. Faça movimentos expandindo a lateral do tórax, abrindo espaços entre as costelas. Desta maneira, abrimos espaços internos para a livre circulação das energias. Movimente a pelve e deixe suas pernas mais longas. Pés também.

Com a sensação de ter despertado e acessado espaços no corpo e ainda conectada com a respiração, solte gemidos e sons guturais. Perceba que os sons podem partir de seu útero. Ao soltar sua voz, imagine que ela está saindo pelo canal vaginal e vulva. Perceba o que acontece com os músculos do assoalho pélvico, com seu útero e vagina. Como é ter uma vagina que libera sua voz? Há resistência, há prazer, os dois?

Prática 3 — A voz da loba

Busque vídeos na internet com lobos selvagens uivando. Para acessar vídeos de outros países, pode-se procurar pelo termo wolf howling.

Observe como os lobos e lobas fogem do estereótipo do uivo padrão. Cada lobo tem um timbre, cada lobo tem sua maneira. Inspire-se com a natureza selvagem da voz da loba!

Coloque seu uivo no mundo e, unindo ao exercício anterior, perceba o uivo que vem do ventre e percorre a garganta e o canal vaginal, saindo pela boca e vagina. Experimente e delicie-se em liberdade!

Através dessas experiências, você pode conhecer as várias nuances da sua voz: o quanto ela te empodera, o quanto é bela por si só e o quanto liberar a voz pode ser libertador para sua sexualidade e seu próprio ser.

CABELO

Thais Jesus dos Santos

Meu cabelo, meu poema

Durante muito tempo, por não conhecer minha história, eu prendi a alegria. Foi meu cabelo que me mostrou o caminho de volta. Fui à raiz, encontrei muitas curvas, precisei desatar nós. Desliguei-me de tudo o que foi dito que era feio, fora do padrão. Soltei e entrei em sintonia com ele. Encontrei minha força, resgatei a história não contada das minhas ancestrais, todas rainhas. Em cada cacho, meu cabelo vem me contando um poema e, assim, vou me encantando por mim. Meu cabelo cacheado é um poema meu.

Thais Jesus dos Santos

Minha mãe, mulher de pele branca com seus cabelos ondulados, veio de Mato Grosso do Sul para São Paulo, em busca de oportunidades. Conheceu meu pai, homem de pele preta, com seus cabelos black power. Dessa mistura, eu nasci, em 1978. Primeira filha dessa relação, uma menina, registrada com cor de pele parda. E assim me reconheci até meus 38 anos. Mas existia em mim uma inquietação, uma sensação de inadequação que não sabia nomear. Muitas dessas sensações passavam pela minha experiência com meu cabelo. Vou falar bastante sobre isso ao longo deste capítulo.

Em 2013, vivi a experiência do divórcio de uma relação inter-racial (à época, não tinha nem ideia do que esse termo significava). Nesse momento de dor, um portal se abriu para que eu adentrasse no universo do feminino. A vida me convidava a retornar à minha essência e à minha ancestralidade. E, assim, a habitar o meu corpo de mulher preta, com meus cabelos volumosos, cheios de ondas e de histórias. É neste caminho que venho me curando e me reconectando com a minha potência. Reconhecendo a negritude em mim e me expressando no mundo a partir dessa consciência. Um corpo de mulher que transcendeu a forma física para se apropriar e retomar seu lugar de força, convocando sua linhagem de antepassados e ancestrais que fecundaram tudo para que eu acessasse esse Território Sagrado. Estar viva, neste tempo-espaço, poder compartilhar e convidar outras mulheres.

É chegado o momento de transmutar a dor em amor, honrando as linhagens e viver a expressão do nosso Ser. Esse mergulho de ir na direção do feminino, conectar com meu ventre, com as minhas raízes ampliou o meu olhar para o entendimento de onde eu vim, quem eu sou e para onde vou caminhar.

Formada em Psicologia há mais de vinte anos, há dez facilito processos enquanto psicóloga transpessoal, biopsicóloga, thethahealer e hipnoterapeuta. E há cinco anos venho desenvolvendo projetos junto ao movimento negro como Psicóloga Preta. Com tudo o que venho descobrindo sobre mim enquanto Mulher, acolhendo a minha história, me curando, fazendo algo de bom, escolhendo ser feliz e homenagear os meus ancestrais com a minha felicidade. Tudo isso tendo uma rede incrível de mulheres que seguram as mãos de outras mulheres. E, assim, acreditamos na cura da humanidade.

Instagram: @thaissantos_psico
YouTube: Psicóloga Thais Santos
Facebook: thaissantos.psicologatranspessoal

O CORPO DA MULHER NEGRA NO MUNDO

Peço licença e bênção a todas que vieram antes de nós, a nossa ancestralidade – a minha e a de cada uma que me lê.

Antes de iniciar essa escrita, tomei um banho com ervas, acendi uma vela, e, com meus joelhos no chão, pedi que a espiritualidade me acompanhasse e me guiasse em cada palavra.

Sou de uma cultura que mantém um complexo e variado saber sobre folhas que contribuem para a saúde, o bem-estar e a conexão com as divindades e com a natureza. Uma cultura que compreende o mundo através de uma cosmologia sagrada, onde os elementos naturais estão integrados à vida humana. No encantamento das folhas, a palavra adquire um poder de ação muito forte. É a força cósmica da natureza comandando a mente por intermédio dos aromas e dos princípios curativos das ervas, através dos banhos e das defumações. Recomendo, quando sentir que precisa revigorar sua energia, que prepare um banho com ervas e se beneficie do poder mágico das folhas.

Agradeço que tenham chegado até mim esses conhecimentos, transmitidos entre as mulheres africanas, das mais velhas às mais novas, enquanto trabalhavam nas lavouras com suas crianças nas costas. Agradeço a todas as bocas e ouvidos que fizeram com que esses conhecimentos chegassem até aqui.

> *"Cada Velho que morre é uma biblioteca que queima"*
> Tierno Bokar

Um convite

Licença e bênção tomadas, quero fazer um convite a você: segurar em sua mão e, juntas, caminhar pela história que vivi com meus cabelos, do resgate da minha ancestralidade e do conhecimento de quem eu sou. Uma parte importante da minha e da nossa história, que ainda não nos foi devidamente contada.

Me chamo Thais Jesus dos Santos, tenho 42 anos e me descobri negra aos 39. Sou filha de mãe branca e pai preto, mistura dessas duas cores. Na minha certidão de nascimento, minha cor foi declarada como parda. Pardo é um termo usado pelo Instituto Brasileiro de Geografia e Estatística (IBGE) para se referir a um dos cinco grupos de cor ou raça que compõem a população brasileira, junto com brancos, pretos, amarelos e indígenas. O IBGE pesquisa a cor ou raça da população brasileira com base na autodeclaração. De acordo com dados da Pesquisa Nacional por Amostra de Domicílios (PNAD) 2019, 46,8% dos brasileiros se declaram como pardos, 42,7% como brancos, 9,4% como pretos e 1,1% como amarelos ou indígenas.

Confesso que tinha o maior orgulho em me declarar parda e ser reconhecida como café com leite, bombonzinho, moreninha... Nunca negra. Vivi até aos 39 anos com essa névoa sobre os olhos.

Uma vez, estava numa formação acadêmica, quando uma amiga querida de pele branca e cabelos pretos, curtos e ondulados se dirigiu a mim com uma pergunta:

— Thais, por que você alisa seu cabelo?

Deu tela azul, paralisei!!!

Muitos sentimentos foram despertados, naquele momento. Senti raiva e medo, embora não tenha demonstrado. Sem saber bem o que responder, uma voz interna dizia:

— Você não tem ideia do que é ter cabelo crespo.

Desde os 10 anos de idade, meu sonho era alisar o cabelo. Mas como não tinha idade para as "químicas fortes", comecei pelas receitas caseiras. Babosa, abacate, óleos, mel, maizena e por aí vai... Passava de um tudo para ver meus fios lisos, mas o máximo que acontecia era o cabelo ficar hidratado e com brilho. Quando cheguei a uns 13 anos, iniciei um processo de esconder meu cabelo usando todos os produtos que existiam para alisá-lo. Buscava os que pudessem deixá-lo com a aparência mais natural possível — tipo "nasci assim" —, mas claro que isso nunca aconteceu. Fiquei refém desse processo até aos 39 anos de idade, quando me senti pronta para iniciar minha transição capilar — abandonar as químicas de alisamento, relaxamento, progressiva, escovas e chapinha para dar lugar ao meu cabelo natural. Deixá-lo crescer livre com sua forma.

Para realizar essa mudança, foi muito importante uma jornada no autoconhecimento que havia iniciado em 2013 com enfoque no despertar do meu feminino — passo fundamental também para que hoje eu possa estar aqui escrevendo como uma mulher preta, aprendiz da vida e com coragem de me expressar, de me reconhecer e de ir em busca da minha história. Uma história que vai muito além do que me contaram sobre ancestrais escravos, que haviam sofrido muito, sempre em lugares de submissão (aí fui compreendendo o orgulho que tinha de fazer parte dos 46% da população parda).

O medo habitava meu inconsciente como forma de proteção, sobrevivência, mecanismo de defesa. Fui encontrando meu jeitinho de existir sendo moreninha e alisando meus cabelos. Até luzes fiz, a pedido de um gerente de uma empresa onde trabalhei, para ficar no padrão da equipe de mulheres brancas. Quando fiz a escolha de voltar à forma natural dos meus cabelos, sabia que teria um caminho a percorrer e que iria me deparar com muitas dores. Desde então, venho me enegrecendo a cada passo, entendendo e aprendendo a ser mulher negra. E a cada dia os meus cabelos ganham mais volume.

Às que vieram antes

Você conhece histórias de mulheres negras?

Quero te contar a história da escrava Anastácia, que faz parte da nossa cultura oral. Anastácia, filha de escrava que foi violentada e acabou engravidando de um homem branco. Anastácia nasceu com olhos azuis e uma rara beleza. Chamava atenção e despertava o desejo e a ira dos senhores e de suas esposas. Resistindo fortemente aos assédios e violências sexuais, a negra escravizada foi sentenciada a utilizar a máscara de ferro pelo resto de sua vida, retirando-a apenas para se alimentar.

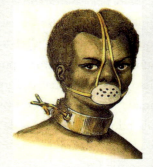

Anastácia reagiu e lutou contra o sistema escravagista, suportou a dor, os maus tratos e os estupros a que fora submetida por anos, tornando-se um exemplo de resistência e de luta. Também ficou conhecida pelos milagres que realizou. Anastácia tinha conhecimento das ervas, era curandeira, tirava os males dos adoentados com as mãos. Anastácia tornou-se também um símbolo de fé e devoção.

Evidentemente que Anastácia é real, que ela existiu de fato e foi uma extraordinária feminista que, talvez, sequer tenha chegado a ter consciência disso. O importante é a sua luta, assim como foi a luta de Marielle Franco, amordaçada pela silenciosa máscara da morte.

Em nosso país preto, racista e machista, muitas grandes mulheres se tornam Anastácias e Marielles

Em casa de mulher macua

Pesquisando sobre as mulheres em África, descobri um povo chamado "macua", em Moçambique, no sul africano, onde as mulheres ocupam papel central na sociedade e até hoje são conhecidas como "perigosas". Elas desafiam convenções morais sobre o feminino, como restrições à liberdade sexual e ao controle socioeconômico. São presença forte na sociedade, considerada matrilinear.

Tradicionalmente, entre os macuas, não é o homem quem retira a mulher da casa dos pais, ao se casar. Mas sim o marido que se muda para a casa da sogra, sendo colocado na posição de conviver sob as diretrizes desse novo lugar. O poder do homem fica, então, diluído, de certa forma, pois ele chega a um local onde não é a autoridade máxima.

Historicamente, as mulheres macuas também promovem o autoconhecimento corporal. Para garantir o ingresso na fase adulta, passam por um rito de iniciação incluindo técnicas relacionadas ao prazer sexual, sendo ensinadas não apenas a coordenar a casa, como também a elevar o prazer por meio de ervas inseridas na vagina e de métodos que expandem os grandes lábios do órgão genital, além de pinturas e ranhuras nas coxas.

Que educação você recebeu sobre o racismo?

Muitos ainda acham que a África é um país. Um país subdesenvolvido, onde só há escassez de recursos básicos para sobrevivência. Muitos ainda acham...

A África é um grande continente, com mais de 50 países, que estudiosos dizem ser o berço da humanidade. O que te vem à cabeça quando pensa no Egito? As pirâmides, imagino, retratadas no premiado filme "Cleópatra", com a atriz Elisabeth Taylor, branca e de olhos azuis. Você se lembra que o Egito fica na África?

"Um dia, todos nós fomos assim: de pele bem escura. Evidências arqueológicas indicam que o homem moderno surgiu na África, região de muito sol. (...) Foi assim que o mundo se coloriu: em terras quentes, quem tinha mais melanina estava mais preparado para enfrentar o ambiente; em terras frias, os com menos melanina eram mais aptos a sobreviver. Tudo alinhado à teoria de seleção natural, desenvolvida por Charles Darwin", segundo explicou a coordenadora do Centro de Genética Médica da Universidade Federal de São Paulo, Ana Beatriz Alvares Perez, à revista Superinteressante.

Mas o segundo maior continente do planeta aparece em livros didáticos somente quando o tema é escravidão, deixando capenga a noção de diversidade de nosso povo e minimizando a importância dos afrodescendentes para o desenvolvimento da humanidade.

Que país é esse?

A noção de civilização da nossa sociedade é eurocêntrica. A República brasileira foi e é projeto racialista e excludente; não contempla negros e índios. Na tentativa de salvação do país, houve um plano de imigrar sangue branco para "melhorar a raça". Em 1911, o médico e cientista João Baptista de Lacerda, então diretor do Museu Nacional do Rio de Janeiro, representou o Brasil no Congresso Universal das Raças, em Londres, Inglaterra, financiado pelo governo do Marechal Hermes da Fonseca. O Brasil era considerado, naquela época, um "laboratório racial", "um exemplo de degeneração, obtida pelo efeito perverso da mistura de raças", como contextualiza a antropóloga Lilia Schwarcz, num artigo que analisa o trabalho apresentado pelo cientista brasileiro no congresso[2].

---

2 "Previsões são sempre traiçoeiras: João Baptista de Lacerda e seu Brasil branco". Disponível em: https://www.scielo.br/scielo.php?script=sci_arttext&pid=S0104-59702011000100013. Acesso em: 02/03/2020.

Lacerda defendeu a tese de que a mestiçagem brasileira era (apenas) transitória e que a raça negra seria extinta do país em 100 anos (assim como os índios), a partir da imigração crescente dos povos de raça branca e da "seleção sexual". Com isso, "um futuro brilhante" estaria reservado ao Brasil, diz em seu artigo.

A Redenção de Cam
(Modesto Brocos, 1895)

A tela acima, utilizada por João Batista Lacerda na abertura de seu trabalho, ilustra o processo "depurador" que ocorreria no Brasil com o passar do tempo. "O negro passando a branco, na terceira geração, por efeito do cruzamento de raças", conforme explica a legenda da imagem.

Efeitos do projeto de embranquecer: desejo de ser branca, não gostar de ser negra. Embranquecimento da nossa subjetividade, desordem psíquica.

Lembra-se da tela azul, quando me deparei com o meu próprio processo de embranquecimento e não me reconheci como negra, alienada de mim, inclusive de que sou uma Divindade?

Ainda hoje o Brasil é conhecido por sua diversidade cultural e pela mistura de raças que formam o seu povo, mas, até bem pouco tempo, essas diferentes etnias não estavam representadas nos currículos escolares do país. Como ponto de ruptura, e na tentativa de contar a história que não foi contada, duas leis foram sancionadas nos anos de 2003 e 2008, Lei 10.639 e Lei 11.645, tornando obrigatório o estudo da história e cultura afro-brasileira e indígena, nos ensinos fundamental e médio.

Aspectos como a história da África e dos africanos, a luta dos negros e dos povos indígenas no Brasil, a cultura negra e indígena brasileira e o negro e o índio na formação da sociedade nacional foram incorporados aos currículos escolares. Apesar do avanço, o que tenho notícia é que esses temas são abordados basicamente por professores de história no mês de maio, referente à abolição, e em novembro, pelo Dia Nacional da Consciência Negra.

Sim, somos crias da miscigenação, da mistura de raças que deu origem ao povo brasileiro, povo este que precisa aprender e reconhecer de uma vez por todas que:

Os negros são descendentes de civilizações africanas. São descendentes de REIS, RAINHAS, PRÍNCIPES e PRINCESAS. Homens e mulheres que desenvolveram a escrita, a astrologia, a ciência, que construíram as pirâmides, que desenvolveram técnicas agrícolas e que dominam a medicina alternativa.

NEGROS NÃO SÃO DESCENDENTES DE ESCRAVOS!!!

Meu corpo, nossas memórias

Eu, mulher negra, carrego no meu DNA um pouco de tudo isso. Carrego a dor dos meus ancestrais que foram caçados, raptados, traficados, torturados e escravizados. Sinto ainda o peso de uma história que segue presente na nossa sociedade, inviabilizando nossa existência. Não é coisa do passado, é presente. Muito presente...

Uma vez, estava numa imersão para investigação do feminino e, em uma das vivências que envolvia movimentar o corpo através da dança, com o intuito de despertar sensações de prazer, senti muitas dores. Meu corpo não sabia fazer o caminho do prazer. Só o que eu sentia era dor, cansaço físico e emocional de ser um corpo de mulher negra no mundo.

Hoje, depois de muito caminhar, tenho resposta para a pergunta da minha amiga: o porquê de alisar meus cabelos. Eu ansiei por isso desde menina, quando sentia que as crianças pretas recebiam menos afetos que as crianças brancas. Não me lembro de um elogio aos meus cabelos, mas tenho vivas na memória palavras como "cabelo ruim", "pixaim", "Bombril", "neguinha do cabelo duro". Recordo as festinhas juninas em que, como muitas meninas pretas, ficava de lado, sem ser escolhida para fazer par.

O chapéu com as trancinhas não encaixa no volume dos nossos cabelos. E eu sonhava em ser paquita da Xuxa, a "Rainha dos baixinhos", loira, branca e magra, referência de padrão de beleza — sabendo, "claro", que nunca seria paquita, por ser "escura" demais pra isso.

Esse é o retrato cotidiano de uma estrutura racista desde a abolição, atribuída ao abolicionismo branco e não ao protagonismo negro. Manter a população negra sem representatividade, subalterna, submissa ao sistema capitalista de exploração, mão-de-obra e não sendo representada na sociedade.

A partir do meu processo de transição capilar, tomei consciência de toda essa realidade da qual o meu biótipo faz parte. Ele ainda faz parte de um projeto de extermínio. Foi e é muito dolorido estudar sobre minhas origens.

Aproveito e deixo aqui uma provocação: você sabe da sua história?

Encarnada

Hoje entendo e vivencio a vida com a consciência do que é ser um corpo de mulher negra no mundo. Para mergulhar na minha negritude, foi necessário o apoio de uma terapeuta. Tive como guia meu corpo e, no espelho, um aliado para reconhecer a forma do meu corpo. Não me lembrava mais como eram os meus cabelos, não sabia o que fazer com eles; conversava com pessoas que já haviam passado pela transição capilar e cada uma trazia uma experiência diferente. Entendi que era um processo que eu precisaria viver. Fiz um combinado comigo mesma e, olhando-me no espelho, decidi que o processo seria amoroso. Escolhi trançar os fios até que crescessem o suficiente para cortar a parte do cabelo alisado. Fui brincando com as tranças, compridas, coloridas, enraizadas, soltas e, a cada vez, via ali minhas origens aparecendo. Eu chorava ao sentir que, em cada curvinha dos meus cachos, eu me reconhecia, me curava e honrava minhas ancestrais.

Enfim, juntas

Pensar divino. Pensar ciência. Pensar político.

Muitas histórias importam, empoderam e humanizam.

Encontrar e me envolver com outros corpos negros foi muito curativo. Encontrei espaços de afetos, com discussões em prol de conhecer histórias e compartilhar da mesma experiência. Encontrei também espaços de cumplicidade fugaz... Me lembro de uma vez em que estava num shopping com minhas tranças novas, caminhando pelos corredores e cruzei com outra mulher negra. Éramos apenas nós duas. Olhamos uma para a outra e sorrimos, reconhecendo-nos ali. Lembro de ter ficado com os olhos marejados com aquela troca cúmplice.

Minha forma de ver e de sentir mudou, sedenta pelo prazer, pelo amor, pela beleza, pela prosperidade e pela liberdade, que vêm se dando por retornar à África. Pela forma do meu corpo de mulher negra a ocupar o mundo. Por me sentir ser humana parte de uma totalidade humana e divina.

"A Oxum perguntei:
— Como encontrar o amor verdadeiro?"
Oxum respondeu:
— Olhando sempre para o espelho."

Ora ye ye ye ó Mamãe Oxum!

A construção da autoimagem, identificar-se, refletir no espelho sua beleza única.

Precisamos descolonizar o inconsciente com outras narrativas. Ler escritores e/ou escritoras negras, olhar para o lado e questionar onde estão os negros em todos os espaços sociais que frequentamos.

> *"Em uma sociedade racista, não basta não ser racista. É necessário ser antirracista"*
> ANGELA DAVIS

Estar entre mulheres se faz necessário, por ser espaço de acolhimento e escuta. Uma forma de experimentar o amor e de criar condições de viver esse amor. E ir além, num caminho possível para quebrar a impossibilidade de ser e de amar.

SUGESTÕES DE PRÁTICAS

Prática 1

Que sentimento acordou em você com a leitura deste capítulo?

Proponho uma prática que levará poucos minutos para tomada de consciência de todas, mulheres negras e não-negras. Para que seja possível responder a esta pergunta:

"Em que lugar da história você se encontra?"

Você vai precisar de um lugar confortável, silêncio, água, lenço, espelho, papel e caneta.

Respire profundo e gostoso, tenha um espelho em mãos, olhe profundo nos seus olhos e deixe que acorde do seu ser tudo que vier, acolhendo sem julgamento.

- Reconhecimento: Onde estou nessa parte da história?

(Pode ser que despertem sentimentos e sensações, acolha.)

- Identificação: Como faço parte disso?

(Nesse momento, podem vir à tona memórias físicas, pensamentos, sensações, sentimentos. Não se julgue, acolha.)
- Desidentificação: Existo para além disso?
(Desapegue das identificações, confie no seu sentir.)
- Transformação: Novas possibilidades
(Após sentir, nasce um novo olhar: reflexões, comportamentos, ações, interesses – por exemplo, em ler autoras negras.)
- Elaboração: Uma nova visão de si e do mundo se revela.
(Uma nova consciência se apresenta; que sensação e sentimento experimenta? Como você se vê a partir desta tomada de consciência?)
- Integração: Como se vê neste processo no aqui e agora, na sua vida atual?

(Sugiro que feche seus olhos, visualize, registre e integre por que você faz parte dessa história.)

Prática 2

Esta prática pode ser realizada em círculo de mulheres ou com uma amiga, em uma ambiente tranquilo, no qual vocês se sintam confortáveis para tocar nos cabelos uma das outras, pedindo licença. Deixe que esse cabelo que toca suas mãos conte a história dessa mulher e diga para ela, olhando em seus olhos, o que suas mãos e seu coração sentiram.

Prática 3

Por fim, uma prática para o dia a dia: elogie o cabelo encaracolado das meninas. Estimule as crianças a gostarem dos próprios cachos desde cedo e você estará contribuindo para a construção da sua personalidade e autoestima.

Ubuntu, filosofia africana que trata da importância das alianças e do relacionamento das pessoas, uma sociedade sustentada pelos pilares do respeito, da solidariedade, do cuidado, da partilha e da humanidade. Em uma só palavra, o "amor" faz parte da essência de Ubuntu.

"Eu sou porque nós somos".

Escrevo este capítulo no dia 20 de novembro de 2020, Dia da Consciência Negra.

> *"Eles combinaram de nos matar, mas nós combinamos de não morrer"*
> Conceição Evaristo

Nossos passos vêm de longe.
Somos todas rainhas.
E os meus cabelos só crescem me coroando.

CABELO 2

Vanessa Thalita Romanini Amadeu

Ar livre
(...) Leva o arco-íris em cada fio do cabelo.
Em sua pele, madrepérolas hesitantes
pintam leves alvoradas de neblina.
Evaporam-se-lhe os vestidos, na paisagem.
É apenas o vento que vai levando o seu corpo pelas alamedas.
A cada passo, uma flor, a cada movimento, um pássaro (...)

Cecília Meireles

Nasci no ano de 1981 em Nova Esperança, uma cidade do interior do Paraná. Com 18 anos, tinha certeza de que queria ser psicóloga. Mas foi apenas em 2016, após um rompimento amoroso, que compreendi que precisava cuidar do meu feminino e dar novos rumos à minha profissão. Entre um curso e outro — entre eles, constelação sistêmica, PNL e coach —, fui conhecendo mais de mim mesma. Porém, foi em meio a um círculo de mulheres que me senti por inteira, quando busquei a formação do TeSer. A partir desse momento, entendi que minha missão de alma estava em facilitar círculos de mulheres. Hoje, atuo como psicóloga junguiana e líder do feminino.

Instagram: @vanessathalita.psicologa
YouTube: Vanessa Thalita Psicologa

HÁ UM FIO DE MIM MESMA: UM CAMINHO DE INTEGRAÇÃO DA DONZELA À ANCIÃ

Nossos cabelos são como uma tela que conta nossa história. Cada fio tem uma memória diferente: a trança feita pela avó, a fita ajeitada com carinho pela mãe, o rabo desajeitado feito pelo pai antes de ir para a escola. Mexas tintadas na adolescência dizem "eu já sei quem sou", uma identidade em construção. O cabelo longo da donzela de repente é cortado para expressar o desejo da mulher selvagem. Nessa tela, o tempo vai pintando os brancos que dizem "sou sábia, sou bruxa, sou mulher".

Segundo Adalberto Barreto, psiquiatra criador da terapia comunitária integrativa, os cabelos simbolizam a força, a vitalidade, a liberdade, a criatividade, a intuição e o poder. Nas mulheres, especificamente, está também relacionado ao poder de sedução e atração. Os cabelos falam do nosso poder de conduzir a própria vida, considerados por alguns como antenas que nos ligam ao mundo espiritual.

A relação com nossos cabelos pode nos ajudar, inclusive, a entender nossa problemática com a vida. Observe, na infância, como você se relacionava com seu cabelo. Ele era motivo de bullying? E na adolescência, símbolo de rebeldia? E agora, na vida adulta, a possibilidade dos fios brancos te deixa assustada? Quantos segredos podem trazer o cabelo de uma mulher... A rigidez da estética padronizada diz que cabelos bonitos são os loiros, lisos e longos. Se acreditamos nisso, vamos negando a fluidez que a vida pode ter ao nos permitirmos ser naturais.

Vivemos num tempo em que nem a juventude, nem a velhice têm espaço. Suas vozes estão caladas, adormecidas e até mesmo esquecidas. De um lado, a falta de experiência; de outro, talvez, uma visão mais impetuosa de quem já viveu muitas coisas nos apontam para o que parece apenas um conflito externo de gerações, mas também revela uma dinâmica inconsciente de total desconexão entre nossa donzela e nossa anciã, no íntimo de nossa psique. Como se uma mulher madura não pudesse ter uma alma jovem e uma mulher jovem não pudesse ter uma alma sábia.

Algumas mulheres têm tomado a decisão de não esconder os sinais do tempo e da sabedoria, mas podem ainda escutar uma voz interna dizendo: "Você não acha que está muito nova para deixar os fios brancos aparecerem?" É importante se perguntar: a quem servimos quando negamos nossa anciã?

A indústria da beleza nos massifica e transforma aquilo que seria uma nova fase, uma nova primavera em uma busca pelo elixir da juventude. Mal sabem que o remédio para se manter "novinha" está em fazer a conexão emocional entre a donzela e anciã. Como explica a célebre psicóloga junguiana Clarissa Pinkola Estés, em "A ciranda das mulheres sábias": tornar-se idosa não resulta simplesmente em ter vivido muitos anos, decorre mais daquilo do que nos tornamos ao longo desses anos, daquilo que estamos nos preenchendo neste momento.

Ao longo de nossa vida, visitamos nossa anciã interna todas as vezes que nosso sangue desce. A anciã é representante da lua nova, do inverno, do recolhimento, da escuridão da noite, da introspecção. É por conta de sua energia que conseguimos encerrar os ciclos em nossa vida e abrir espaço para o novo. A figura da anciã vem vestida de bruxa e muitas vezes tememos nos vestir dela. Um medo inconsciente de sermos condenadas, assim como nossas sábias ancestrais que foram queimadas na fogueira por usar sua magia. "Somos as herdeiras, desse modo, nós também aprendemos a passar oscilantes pela escuridão", diz Clarissa.

Arquetipicamente, nossa donzela interna é primavera, lua crescente, período pré-ovulátorio no nosso corpo, nos traz leveza, romance, poesia, coragem, alegria e movimentos externos. Em nossa psique, a donzela nasce com nossa adolescente, e assim como temos uma criança interior que precisa ser acolhida, temos uma adolescente interior que precisa de colo. O que você sente quando lembra desse período da sua vida? Com dor? O medo de envelhecer muitas vezes nos impede de acessar a cura que vem da nossa bruxa. Mas as feridas de nossa donzela podem ser curadas pela nossa anciã, quando as duas estão de mãos dadas.

Nossa anciã interna precisa de nossa donzela para manter-se bela; e nossa donzela precisa de nossa anciã para romper padrões de perfeição que no fundo nos ferem. Quando permitirmos que nossa adolescente caminhe em direção à anciã e receba toda sua sabedoria disponível, o equilíbrio finalmente poderá acontecer. As belezas externa e interna poderão se abraçar; juventude e maturidade poderão caminhar juntas na arte de estar plena em si mesma.

Convido você a realizar, a seguir, dois exercícios de integração entre a donzela e a anciã para que você possa transitar entre essas duas energias de forma mais fluida e gostosa.

SUGESTÕES DE PRÁTICAS

Prática 1
Atividade para Conexão da Donzela e da Anciã

Será necessário papel, caneta ou lápis, um xale e, em média, 30 minutos para essas atividades que ocorrem em três partes: primeiramente, uma conversa com nossa anciã; depois, uma conversa com nossa donzela; e, por fim, o encontro amoroso entre as duas.

Parte 1 – Conversa com a anciã

Vamos fazer um exercício sistêmico, baseado na constelação, onde olharemos com honra e respeito para nossas avós, acolhendo com carinho a mensagem de amor que nossas ancestrais nos deixaram. Iremos deixar com elas suas crenças limitantes, ficando apenas com aquilo que é nosso.

Em uma folha de papel escreva:
- Como você se recorda da sua avó?
- Quais eram as qualidades dela?
- Quais eram os defeitos?
- Os defeitos dela te fazem ter restrições sobre a velhice?
- O que as mulheres da sua família falam sobre envelhecer?
- Em que área da sua vida você precisa levar a energia da anciã?

Depois desse exercício reflexivo, você pode fechar os olhos um pouquinho, respirar profundamente três vezes e, em sua mente, imaginar suas avós. Diga a elas a seguinte frase: "Queridas avós, eu vejo vocês, sou grata por tudo que vocês me ensinaram, fico com toda a sabedoria, discernimento e amor que deixam para mim. As crenças que limitam com relação à velhice eu devolvo para vocês, pois sinto que posso ser jovem enquanto velha e velha enquanto jovem. A sabedoria interna pode se refletir em beleza externa". Depois de dizer, respire fundo e traga a imagem das avós para seu coração, sentindo a sabedoria delas transbordar para fora, pulsar na cor lilás, expandindo-se por todo o seu corpo e indo até a área da sua vida na qual você deseja que a sabedoria se expanda.

Parte 2 – Conversa com a adolescente

Em uma folha de papel, escreva:
- Quais eram as qualidades da sua adolescente?
- Quais eram os defeitos?
- Os defeitos da sua adolescente fazem você olhar com bons olhos para esse período da sua vida?
- O que sua família pensa sobre a adolescência?
- Há uma permissão para escutar da adolescente ou não?
- Em que área da sua vida você nota que precisa da energia de sua adolescente?

Depois de fazer esse exercício, feche seus olhos, respire fundo, imagine você adolescente e diga: "Eu vejo você, minha querida donzela, aceito suas escolhas, elas me trouxeram até aqui. Recebo tua alegria, tua luz, tua leveza. Podemos ser jovens enquanto velhas, velhas enquanto jovens. Tua força externa se reflete em sabedoria interna em mim." Depois de dizer essa frase, você pode imaginar sua adolescente passando para você as suas qualidades através de uma luz verde que entra pelo topo da cabeça e vai até seu coração, onde já está sua anciã. Essa luz verde se mistura com a luz lilás e ficam as duas juntas em seu coração te trazendo harmonia.

Sugestão: você pode vestir um xale, ao final desse exercício, e sentir a sabedoria e a beleza de ser jovem enquanto velha, e velha enquanto jovem.

Este pode ser um momento propício para ler, a seguir, o trecho do livro As cartas do caminho sagrado: a descoberta do ser através dos ensinamentos dos índios norte-americanos, de Jamie Sams.

"*Se o xale caiu sobre seus ombros, você está sendo convidada a voltar para casa. Se você se esqueceu de você mesma recentemente, chegou o momento de* recordar sua essência e seu potencial. Se você penetrou num atalho tortuoso ao julgar perfidamente os outros, chegou a hora de retornar ao lar do coração amoroso e reconhecer o valor existente em todas as lições e em todas as estradas percorridas.

Talvez você esteja voltando para casa, ou seja, para o encanto e a magia com que conviveu no passado ou então para um novo estado de euforia e felicidade. Em todo caso, você está retornando a um modo de ser que já fez parte de seu passado, e que ficará esquecido por uns tempos. Todo mundo sente a necessidade de buscar a forma mais simples de viver feliz. Se você se esqueceu de buscar aquela verdade tão simples, e que já lhe trouxe tanta alegria interior, está na hora de voltar para casa.

Vestir o xale é voltar para casa, para os braços da Mãe Terra; é voltar a ser amada. Tome seu xale e sinta também a responsabilidade de amar os outros, de amar aqueles que se esqueceram de trilhar o Caminho Sagrado, que não encontraram ainda o Caminho de volta ao lar."

Prática 2

Quando estiver na lua crescente, ou quando você estiver precisando da energia jovial de sua donzela, tire três minutos para respirar profundamente, fechar seus olhos e trazer sua adolescente à sua mente. Recorde-se das músicas que você escutava nessa fase, aquelas que te traziam alegria e força. Em seguida, coloque essa melodia e dance...

Prática 3

Quando você estiver precisando acessar a sabedoria de sua anciã/bruxa, silencie seu coração e busque mexer com suas plantas, ou fazer uma receita de família para que possa acessar a sabedoria ancestral que existe dentro de você.

Namastê! Que esses exercícios possam te trazer entendimento, acolhimento e força.

PELVE

Bianca Haertel

Ser pélvica

Sentada em suas 'caderas'
Ela reina
Enfim, ocupa o trono que lhe é de direito
Da rainha que encarna seu corpo.

Articulando encaixes perfeitos,
É o eixo céu e terra.
Portadora do aconchego,
Anatomia da recepção
Ela abre e se fecha ao menor sinal de atenção.

A bacia que contém o ventre, terra das sementes...
O chakra da lua crescente
A caverna da criação
O sangue da intenção.

Movê-la é sinal de permissão
É comporta que se abre
Escoando águas de emoção.

Bia Haertel

Aqui estou, hoje terapeuta corporal do feminino, um título que foi se achegando até colar por inteiro em mim, e que hoje considero meu belo ofício.

Sou mãe, mulher e aquariana. Tudo o que conheci de teorias, recebi no corpo, vivi pelo corpo. Por isso, para mim ele é o meio e o caminho para se autoconhecer.

Biopsicóloga de formação e bailarina por paixão, fui guiada pelo ritmo pulsante da própria vida a estar com mulheres, olhando, ouvindo, dançando e nos sanando.

Esse caminho se abriu diante de mim, logo após o nascimento do meu filho Benjamin. Pela pelve potente e maleável que permitiu esse encontro, firmei um pacto comigo mesma, que a partir dali muitas outras e muito antes, descobririam os segredos de sua pelve mágica.

Instagram: @biahaertel
Site: biahaertel.com

A PELVE É MÁGICA

Falar da magia de nossos quadris é um convite para voltar a ocupar nossas bacias, cadeiras, ancas, ilhargas, e quantos mais nomes tenham. Mas todo esse feitiço acontece sustentado por uma Biologia orquestrada para carregar poder e encanto.

A cintura pélvica é formada por um conjunto de três ossos que se encaixam em harmonia: o ilíaco (direito e esquerdo), o sacro e o cóccix. O osso ilíaco, por sua vez, é formado por outra tríade óssea: o ílio, o ísquio e o púbis. Nesta imagem a seguir é possível visualizar melhor:

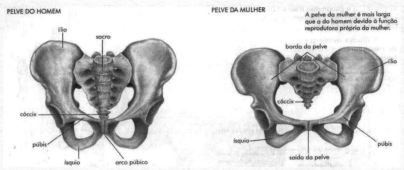

SOBOTTA: Sobotta J. Atlas de Anatomia Humana. 21 ed. Rio de Janeiro: Guanabara Koogan, 2000.

Os ossos que compõem os quadris de homens e mulheres são os mesmos, mas diferem em sua forma e função. A pelve feminina é mais arredondada, com a cavidade central mais aberta que a dos homens, criada especialmente para dar às mulheres a habilidade de engravidar e de dar à luz, protegendo e acolhendo nossos úteros. É a formação articulada da pelve feminina que permite que ela se expanda, dando passagem ao feto. A pelve dos homens, por sua vez, possui mais músculos em sua estrutura e é capaz de suportar mais peso (notem a estrutura do sacro, mais alongada).

As principais funções físicas e motoras da nossa pelve são:
- O movimento, dando mobilidade às nossas pernas;
- A proteção, ao defender nossos órgãos;
- A sustentação, distribuindo o peso do nosso tronco para as pernas.

Mas quando pensamos em pelve numa visão sistêmica e integradora — uma visão circular, como é a feminina —, extrapolamos sua estrutura óssea. Afinal, nossa "bacia de estrelas" protege e contém uma infinidade de outras estruturas fundamentais para nós, mulheres, e para nossa saúde integral (física, psíquica e emocional).

Em nossa pelve estão abrigados o útero – bússola interna influenciada pela lua; as trompas e os ovários — cestos de sementes que produzem os hormônios sexuais femininos; a vagina — caverna enervada misteriosa...; a vulva; o clitóris – prazer puro!; o nervo pélvico; a bunda — alvo recorrente de tantas fantasias e expectativas; e, claro, nosso segundo chakra, Swadhisthana; e a kundalini, energia condensada no osso sacro.

O segundo chakra, em nós, mulheres, está localizado exatamente atrás do útero, e é o centro energético regulador dos nossos sistemas reprodutivo e urinário. Massagear a região do Swadhisthana com determinadas posições equilibra a secreção hormonal de nossos ovários e regula as emoções que surgem a partir deste centro de força. Uma delas é nossa autoconfiança, que pode ser nutrida a partir dos movimentos corretos.

O segundo chakra também expressa a consciência restrita de nosso cérebro reptiliano. É nessa região do sistema nervoso que ficam registrados nossos traumas e bloqueios, principalmente no que se refere à sexualidade e às dinâmicas de dominação/submissão.

Por ser uma região de tanto poder — físico, energético e emocional — mover a pelve é como mexer um caldeirão. Nesse caldeirão pélvico, carregamos nossas águas emocionais e preparamos "poções-fluidos", resguardando alguns dos nossos lugares femininos mais sensíveis. Nossos úteros carregam as memórias de nossa linhagem, e quando menstruamos, temos a oportunidade de realizar uma limpeza profunda em nosso inconsciente, liberando padrões comportamentais que foram repetidos por gerações, mas que podem ser interrompidos por aquelas que reconhecem a oportunidade.

Há quem diga que a pelve é como uma gaveta que, depois de muito tempo fechada, sem uso, emperra com tantas memórias antigas acumuladas. Empilhamos aqui e ali regras de conduta dos corpos domesticados pelo patriarcado. Sombreada por essas memórias, nossa região pélvica teme ser violada, invadida e violentada. E nossa estrutura óssea e muscular vai se transformando, ao sabor das repressões e dos preconceitos, que emolduram o corpo. Para garantir nossas fronteiras, limitamos nosso espaço, dentro e fora.

A partir de condutas instituídas socialmente, que são inseridas em nossa individualidade já na infância, somos ensinadas a controlar nossos corpos. Cada uma de nós, com certeza, tem uma experiência corporificada que poderia ser contada sobre o tema: uma repreensão da vestimenta, do palavreado, da maneira de se movimentar ou de cantar.

Crescemos recebendo os exemplos das nossas ancestrais (como minha mãe/avó lidava com sua feminilidade?); as projeções da mídia; as expectativas no trabalho (como devo me portar para ser levada a sério?)... Muitos são os elementos que fazem atrofiar nosso poder pélvico. E, assim, ficamos, o tempo todo, com o "rabo entre as pernas", literalmente. Retraímos nossas bundas, linearizamos nosso caminhar, calamos nossa voz e nossa expressão sensual natural. Tudo isso para causar menos impacto, chamar menos atenção.

Essa repressão pode ser claramente percebida na relação boca-vagina, ou no eixo garganta-colo do útero, pares que possuem formações anatômicas e energias sincrônicas. O que acontece em uma região reverbera na outra. Observe-se. Quando beijamos alguém de quem gostamos, nossa vagina relaxa e se umidifica. Ao contrairmos nossa pelve (vagina, vulva e útero), retraímos também nossa voz, nossa expressão. Pela mesma razão, quando atingimos o orgasmo e recebemos uma dose natural de dopamina, sentimo-nos mais confiantes, criativas e comunicativas — porque há uma rede responsável por conectar nossa pelve ao nosso sistema nervoso, com a participação do nervo pélvico.

O exercício de uma dança íntima é uma linda maneira de exercitar o prazer-poder dos nossos corpos, como um ritual que pode ser feito todos os dias. Ao reaprender como remexer a estrutura pélvica, recebemos os benefícios das medicinas que carregamos em nossos corpos. Elas estão sempre aqui, basta que nos lembremos de usá-las.

Remexer a pelve é medicina para dias de cólica. É alívio para a lombar, ciático e glúteos. É liberdade para nossa expressão criativa. É reconciliação com nossa sensualidade.

A pelve é mágica porque é poderosa. E precisamos urgentemente naturalizar seu rebolado. Rebolemos no banheiro, na cozinha, chorando e até mesmo meditando! Seremos nós que, ocupando os corpos que nos materializam, seremos capazes de operar a revolução necessária, a partir do movimento e da dança, não mais da luta.

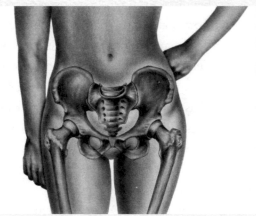

SOBOTTA: Sobotta J. Atlas de Anatomia Humana. 21 ed. Rio de Janeiro: Guanabara Koogan, 2000.

Munidas da voz de mulher que ecoa do útero, caminharemos, a partir de agora, mais conscientes de que a pelve é nosso centro de poder. Enquanto não ancorarmos nossa existência nesse centro de gravidade, estaremos cambaleando, tentando seguir uma linha reta, quando, na verdade, existir num corpo-mulher é mover-se de maneira cíclica e espiralada. Somente nos enrolando em nossa dança íntima poderemos desfazer os nós no corpo-mente.

Para se conectar com essa sabedoria que aqui lhe chega por palavras, é preciso encarná-la no corpo. Vivemos em ambientes que superestimulam nossa atividade mental. Mas, sem o corpo, nada se materializa na terra, no concreto. É assim com os bebês que, antes de encontrarem um útero para serem ninados, não passam de desejos, mesmo que inconscientes. E é assim com tudo o que você quiser materializar na terra: um livro, um projeto, um filme, uma casa... Você vai precisar trazer o seu querer para o seu corpo.

Escute-se: o quanto você deseja realizar essa ideia que te atravessa? O desejo mora na pelve. Todas as nossas sedes estão contidas nessa região mágica — a sede de amor, a sede de realização, a sede de vida —, e isso não podemos ignorar. Na verdade, até podemos, mas depois de tudo o que tocamos aqui, você vai querer ignorar essa sabedoria? Essa sabedoria que é gratuita e disponível em sua pelve? Ainda que você não menstrue mais, ou que tenha removido seu útero, ovários e trompas, ainda assim, o poder reside aí. Você pode sentir.

Então, te sugiro: ao se sentar, sente-se em seu trono feminino da pelve, como filha da natureza que é. Converse com sua pelve, seu útero, sua vulva e sua vagina. Utilize essa rota crânio-sacral que conecta a pelve ao sistema nervoso e se abra para receber o que te quer.

Mover a pelve faz coisas com a gente. Quando a movimentamos, conseguimos diminuir tensões musculares, aliviar dores e desconfortos no baixo ventre, elevar os níveis de serotonina, fortalecer a conexão com nosso ciclo e aumentar o calor, lubrificando articulações e vagina. E, para além disso, elevamos nossa autoconfiança e poder interno.

Uma mulher que move sua pelve livremente, acima de qualquer tabu ou preconceito, é uma mulher selvagem, e dificilmente caberá em rótulos e conceitos limitados. Ela vive seu corpo e sua liberdade, consegue estabelecer limites e nomear suas necessidades.

Deixo aqui uma lista com pequenas atitudes que ajudam a liberar nosso poder pélvico. Experimente-as em seu tempo, uma a uma:

- Dançar e rebolar: Atente-se para a sua fase do ciclo — durante a menstruação, talvez você prefira movimentos suaves e menores; na fase pré-ovulatória, uma dança enérgica pode mobilizar a energia necessária para impulsionar suas tarefas.

- Relacionar-se com seu sangue: Utilize absorventes de pano, copo coletor e outras opções que ajudem você a se reaproximar da natureza cíclica do seu corpo, encarando a menstruação como benção e não como desagrado.

- Ficar sem calcinha: Em dias de calor, experimente ir ao supermercado, à feira ou a algum outro lugar fora de casa sem calcinha — é um ato de libertação, de quem afirma que a vulva é bem-vinda e não precisa estar encoberta, escondida.

- Masturbar-se: A estimulação da vulva e do clitóris causa muitos efeitos benéficos em nós, mulheres. Além de relaxar musculaturas, tendões e nervos da pelve, também oferece efeitos positivos em nosso sistema nervoso, como a liberação da dopamina, um dos chamados "hormônios da felicidade", ligado à motivação.

- Pedir permissão para algo adentrar em sua vagina: Antes de manusear o copinho (coletor menstrual), ou qualquer outro elemento que precise ser inserido em sua vagina, autorize em si mesma esse toque, dê-se a permissão e reconheça como um gesto não-invasivo. Você pode fazer este exercício inclusive antes das relações sexuais com parceirxs.

Nossa saúde feminina nos pede que cuidemos de nossas particularidades. Precisamos escolher o que entra e o que ofertamos. Essa é uma lei do feminino. Esse é o equilíbrio pélvico.

SUGESTÃO DE PRÁTICA

A seguir, sugiro uma sequência de movimentações para mobilizar novos caminhos no corpo. Podem ser movimentações desconhecidas para muitas, então, talvez, seja necessário empregar certo esforço e concentração, no início. Esteja atenta à sua mandíbula e aos seus ombros, que tendem a se contrair nesses movimentos. Se notar qualquer tensão, apenas respire fundo e continue o exercício. Aos poucos, esses movimentos tendem a ser naturalizados em sua corporeidade.

a- PELVE CIRCULAR: Sente-se numa cadeira, com os pés apoiados no chão e os joelhos flexionados. Se preferir, fique em pé com os joelhos relaxados. Faça, então, uma rotação do quadril começando para o lado direito, como se você estivesse desenhando um grande círculo. Repita este movimento oito vezes para cada lado. Mantenha sua atenção na massagem que os ossos fazem nos glúteos, na pequena contração no baixo ventre, na lordose que se forma na sua coluna lombar e em outras sutilizas do corpo que vão se abrindo para você.

b- ONDULAÇÃO: Em pé, agora com os joelhos bem flexionados e as mãos apoiadas nas pernas, logo acima deles, realize um movimento em "s" com o quadril e a coluna. A dinâmica é a seguinte: com o abdômen contraído, coloque "o rabo entre as pernas", flexionando os joelhos e arredondando toda a coluna para cima, como um gato. Em seguida, empine a bunda, sem contrair os glúteos, e deixe a coluna arquear levemente. Tente emendar os dois movimentos como se fosse uma onda, que vai e vem.

Importante: não existe certo ou errado em sua movimentação, experimente se está confortável o que você faz com seu corpo.

c- CHACOALHAR: Ainda em pé, agora com as pernas estendidas, balance seus glúteos como se estivesse tirando a poeira do quadril ou abanando um rabo rapidamente. Mantenha os glúteos relaxados. Quanto mais balançar, melhor; a vibração energiza todos os órgãos e alivia a compressão nas vértebras.

De novo: atenção para liberar as mandíbulas e os ombros. Se possível, sorria enquanto realiza o movimento.

Escolha uma música e faça os três exercícios propostos até aqui, em sequência, até o fim da música. Essa sequência pode ser seu ritual pélvico diário.

d- VOCALIZAÇÃO DA LIBERDADE: Rebole livremente, como você faria se estivesse no chuveiro, ou como se estivesse dançando pela primeira vez. Imagine uma criança que descobre tudo o que a pelve é capaz, por exemplo: rebole de quatro, no chão, de cócoras, na cama, em pé, deitada, de lado... Apenas experimente.

Quando tiver experimentado essas possibilidades por alguns minutos, fique em pé, sinta as solas dos pés no chão, eleve o topo da cabeça para o céu e mova sua pelve de um jeito gostoso e confortável, como um carinho (ou o melhor que puder – vai melhorando com a prática).

Respire fundo, enquanto dança a sua dança, e repita três vezes, em voz alta, numa altura que consiga ouvir o que diz para si mesma:

Eu, (nome completo), sou uma mulher cíclica de pelve mágica. Meu corpo é livre e meu prazer é sagrado.

PELE

Eulália Oliveira

A autoestima não pousa sobre a pele
Não cabe num adorno
Não está no entorno
Menos ainda naquilo que te cerca.

O autoamor dorme sob a derme
Na mesoderme
Nos internos tecidos
Fáscias, vísceras
No teu coração
No teu pulmão
Sobretudo no teu pulmão.

A forma como inala e exala
O élan que te sustenta
Conta-me o que orienta
Tua verdadeira história de amor
De teu autoamor.

Eulália Oliveira

Nasci na cidade de São Paulo, nos conturbados anos sessenta. Desde sempre fui uma buscadora, busquei brinquedos, trabalhos, negócios, conhecimento e, por fim, busquei a mim mesma. E, neste caminho de autodescoberta, me tornei terapeuta. Fiz psicologia transpessoal, renascimento e várias outras formações. Mas, gosto mesmo de me orientar pelo propósito e tradição dos terapeutas de Alexandria, que viam no corpo e no sopro a cura dos males de toda ordem. Por isso, ao longo desses muitos anos, procurei apurar minha escuta para as emoções e sensações corporais, preciosas informações a serem decifradas com atenção.

Hoje oriento minhas clientes no desenvolvimento da autoestima e na dissolução de seus bloqueios emocionais a partir disso e da atenta observação do que sentem no próprio corpo.

O corpo não mente e a pele tudo revela.

Instagram: @eulaliaolivera.terapeuta

AUTOESTIMA E VALORIZAÇÃO PESSOAL

Meu trabalho como terapeuta traz a autoestima e a valorização pessoal na perspectiva da psicologia transpessoal e da inteligência emocional. A consciência das emoções é base para trabalharmos a autoestima. E consciência emocional começa com consciência corporal.

Sim, tudo está no corpo, nesse corpo que você habita. No seu corpo estão as memórias emocionais inconscientes, as sementes da sua autoestima.

E como é que que nos tornamos conscientes disso?

Observando o corpo, adquirindo consciência sobre o que se sente, verdadeiramente.

O que é autoestima

Autoestima é a imagem e a opinião positiva ou negativa que cada um tem e faz de si mesmo. É a forma como nos avaliamos a partir de pensamentos, emoções e sentimentos que temos sobre nós.

Autoestima é o autoamor, a afeição, o apreço e o cuidado que você dedica a si mesma. Está especialmente ligada à sua autoconfiança, algo plantado em tenra idade, nas relações com mãe, pai ou outras figuras parentais.

Se você recebeu validação, afeição, suporte, sua autoestima estará praticamente garantida em sua vida adulta. Mas isso não impera como realidade para a maioria das meninas, das mulheres.

Observo, aliás, que não se trata exatamente do que recebemos, mas do que percebemos e interiorizamos como verdade. Lembrando que crianças têm pouco recursos para o entendimento adequado sobre algumas situações – nelas, o neocórtex cerebral, que processa linguagem, emoções e informações associativas, ainda não está desenvolvido. As crianças tomam suas conclusões a partir do que sentem:

- Não fui bem-vinda.
- Não fui aceita.
- Não tive apoio para me segurar.
- Não sou o suficiente.

Essas conclusões formam crenças e feridas inconscientes que agem no corpo, na alma e na mente, invalidando a autoestima.

Cabe ao "eu adulto" se conscientizar de suas crenças e feridas e salvar o que está sob a própria pele. Isso pode ser feito com processo terapêutico adequado, num caminho de autoconhecimento.

A autoestima é base para a felicidade.

Não há felicidade sem autoestima.

O quanto você se estima?

Você que dedica tanta atenção ao outro, aos outros, ao mundo... Quanta atenção dedica a si mesma?

Você que tem tanta estima pelas coisas, quanta estima tem por si própria?

Será que você dá a si a atenção que merece?

Será que você está consciente dos seus próprios sentimentos e necessidades?

Peço que reflita sobre isso.

Você precisa ser amar em primeiro lugar

Em geral, quem tem problemas de autoestima tem dificuldade nos relacionamentos. Busca no outro constantes provas de amor e reconhecimento. Essa busca permanente de aprovação acaba sendo uma fonte de estresse, amargura, arrependimento e adoecimento.

Se você não se trata com amor e não se estima, os demais não vão dar a ressonância que você espera. Não adianta esperar do outro o que você não emana.

Pessoas com baixa autoestima tendem a entrar em relações abusivas sem se dar conta disso. Quando você tem uma boa autoestima, você sabe ser assertiva. Diz sim quando quer dizer sim, e não quando quer dizer não.

Muitas de nós não recebemos, ou não integramos, amor e apoio das figuras parentais. O ideal é fazer um trabalho terapêutico para lidar com isso. Busque ajuda.

Vazio emocional

Uma fatia considerável da indústria de consumo explora a ausência de autoestima ou o sentimento de baixa autoestima. Muitas finanças pessoais são prejudicadas numa tentativa de preencher o vazio emocional de não estimar a si mesma verdadeiramente.

A baixa autoestima germina nas pessoas uma confusão entre "ser" e "ter". A indústria de consumo sabe disso e o explora. O Facebook, aliás, faz grande uso disso! Indico aqui o filme "O Dilema das Redes". Vale a pena assistir para se ter uma ideia do que está por trás dos nossos "likes".

O Facebook observa você, atentamente.

Você se observa?

Você está à vontade consigo mesma?
A autoestima deixa a gente bem dentro da gente.
Ela nos deixa confortáveis, relaxadas e nos livra do jogo de atacar e acusar, justificar e defender, que gasta uma enorme quantidade de energia.
Busque estar à vontade neste corpo que você habita.
Ele é seu, ele é você.
E lembre-se, autoestima nada tem a ver com egoísmo, nada tem a ver com arrogância. Quando uma pessoa está satisfeita com quem é, ela reconhece seus pontos fortes e aceita com humildade seus pontos frágeis.
Autoestima e humildade andam juntas.
Trata-se aqui de ser quem você é, nem maior nem menor. Aprender sobre si mesma, reconhecer seu próprio valor e saber onde pode crescer.
Autoestima requer que você conheça suas emoções, sentimentos e crenças; entenda o que deve ressignificar; e o faça.
É preciso ter coragem de pedir ajuda para melhorar sua autoestima.
Ainda que você tenha uma boa estima por si mesma, ela sempre pode ser melhorada.
O amor tende ao infinito e o autoamor também.

Um segredo importante: vigie seu tirano interior
Você é capaz de reconhecer e aceitar seus erros com amor?
Sabe criticar a si mesma de forma construtiva?
Cuidado com seu "tirano interior"!
Ele (ou ela) não aceita seus erros, critica, julga e culpa você excessivamente.
Tem o poder de destruir o apreço e até mesmo o respeito que você deve a si mesma.
No entanto, é você que lhe confere esse poder.
E, se você dá o poder, você pode retirar.

Valorização pessoal
Quando você tem uma boa autoestima, é capaz de se valorizar, sente-se confortável sozinha e tem confiança em si própria.

Em nossa sociedade, onde predomina a cultura da escassez, estamos sempre olhando para as faltas – o que ainda não realizamos, o que ainda não conquistamos... Vamos dormir pensando no que deixamos de fazer e acordamos pensando no que ainda não fizemos.

Que tal se parabenizar pelo que já conquistou?

Que tal perceber que faz o bastante?

Que tal compreender que você é o bastante?

Trata-se com amor, com reconhecimento, com respeito por tudo que já fez e por tudo que você já é!

Uma chave é o reconhecimento e a valorização das suas qualidades, dos seus talentos, dos seus dons.

SUGESTÕES DE PRÁTICAS

Prática 1 – Lista dos divinos presentes

Faça uma lista das suas qualidades, dos seus talentos, dos seus dons.

Escreva cada um deles em uma tirinha de papel.

Separe um pote bonito – você pode até decorá-lo, se quiser.

Coloque as tirinhas de papel lá dentro e feche.

Sempre que sentir que está em falta com o seu autoamor, que a sua autoestima declinou, abra o potinho e leia o que está escrito nas tirinhas.

Invoque seus tesouros. Eles são seus, você é merecedora deles.

Alguém ou algo que te estima muito enviou você para a Terra com esses presentes.

Valorize seus presentes!

Valorize a si mesma.

Quero concluir este exercício com um convite.

Busque integrar isso de ser o que veio ser neste mundo, neste tempo que temos entre nosso nascimento e nossa partida. Ser o que veio ser, em toda a sua beleza e singularidade; nem mais, nem menos.

Nascemos com o direito de sermos quem somos, merecemos estar à vontade em sermos nós mesmas. Para reconquistar isso precisaremos fazer resgates, empreender desafios, abraçar a própria vulnerabilidade, ter alguma ousadia e amor, muito autoamor.

Vale lembrar que o autoamor não carece de esforço, não exige lutas, nem pede provas, porém requer algo ainda mais desafiador: entrega e despojamento.

A autoestima é um ato de autodescoberta, um caminho de autodesenvolvimento. Se queremos empreender alguma jornada pessoal que valha a pena, devemos começar pela autoestima.

Todo o trabalho de construção ou desenvolvimento de autoestima precisa começar por desenvolvimento de autoconsciência corporal, mental e espiritual. Como terapeuta, sempre ensino e indico para meus clientes exercícios de respiração, que auxiliam muito no desenvolvimento de autoconsciência.

Deixo, a seguir, a sugestão de um exercício respiratório milenar para você praticar. Gosto dele porque, além de limpar e purificar os nadis (canais de energia) dos orifícios nasais, permite que mais energia flua pelo corpo, trazendo o que chamo de "mais presença".

Prática 2 – Seis respirações alternadas pelo nariz

Para praticar esta respiração, fechamos a narina direita com o polegar (os dedos indicador e médio estão dobrados). Inspiramos e, então, fechamos a narina esquerda com os dois últimos dedos (dedos anelar e mínimo), enquanto liberamos a narina esquerda. Soltamos o ar pela narina esquerda. Na sequência, voltamos a inspirar pela narina esquerda e repetimos todo o exercício, seguinte assim por diante. No total, fazemos seis respirações completas.

Obs.: Os iogues recomendam que este exercício seja praticado de uma a três vezes por dia (não mais do que três).

BARRIGA

DANIELA AGUAS

*Criar de si próprio um ser é muito grave.
Estou me criando. E andar na escuridão completa
à procura de nós mesmos é o que fazemos. Dói.
Mas é dor de parto: nasce uma coisa que é. É-se.*

Clarice Lispector, em "Água viva"

*É preciso ser TODO?
Ou é possível ser e m p e d a ç o s ?*

Daniela Aguas

Desde que me entendo por gente conto histórias, leio histórias e escuto histórias. Nasci em 1980, e comecei na infância a escrever várias historinhas da minha cabeça. Construía o livro inclusive. Desenhava a capa, juntava as folhas grampeadas e assim já tinha um livro cuja autora era eu mesma. Sempre fui de construir as coisas com minhas próprias mãos e minhas próprias palavras.

Ao longo da vida, fui sendo bastante tolhida e julgada pela minha espontaneidade. Isso fez com que eu bloqueasse em mim essa fase das histórias, da criatividade e da criação do meu mundo interno.

Fui estudar Letras. No Mestrado, a Literatura e o Cinema. Mas o mundo criativo e mágico não era acessado em mim, só era analisado como um objeto de estudo.

Só depois da terceira filha nascida, e da quarta gravidez, voltei a ser contadora de histórias e me apresentava para crianças fazendo mediação de leitura e contando histórias em livrarias e espaços culturais.

Ainda assim, esse mundo era bastante difícil de ser aceito. Foi quando encontrei a filosofia do Yoga e quase concomitantemente o TeSer Juntas. Fiz a formação para instrutora de yoga e lá me deparei com a mitologia indiana. Me apaixonei e continuei por conta própria a pesquisa nessa linha. A formação do TeSer me abriu as portas para retornar ao mundo mágico da criatividade e me permitiu acessar o feminino em mim e buscar na minha ancestralidade a representação da mulher.

Descobri que, assim como eu, as mulheres da minha família foram caladas, silenciadas, julgadas como pessoas descontroladas, enlouquecidas (algumas foram parar em clínicas psiquiátricas), pelo simples fato de, em um ou outro ato esporádico, não seguir o padrão de como "deveria ser" uma mulher. Algumas mulheres da minha família carregam o "dom" da surdez. Acredito que muito pelo que ouviram forçadas e preferiram deixar a surdez chegar a ter que ouvir mais atrocidades sobre si mesmas. Eu sempre disse que não seria surda. Nem teria labirintite (outro mal que algumas mulheres da minha linhagem carregam).

Até hoje, aos 41 anos, não tive nenhum dos dois e aprendi a acessar a minha força interna pela barriga que, no movimento constante da criação, esticou-se e contraiu-se até dar à luz três dos quatro filhos que pôde gerar nesta vida. E esta barriga também teve a sua máxima potência ativada para encarar os desafios de construir a minha própria jornada e manter a chama acesa da minha força empoderadora.

Falo de dois pontos-chave de energia: o ventre, lugar do útero, o garbha (em sânscrito), nosso espaço sagrado. E o estômago ou plexo solar: o ponto central do nosso corpo, aquele que nos empodera e nos impulsiona para a vida.

Então, foi pela barriga que me chegou essa energia (shakti), essa potência da vida da qual falo neste texto. É neste lugar que se encontra a força de cada Mahavidya.

Desfrutem dessa jornada!

Namastê!

Instagram: @danielaaguas_yoga
YouTube: https://youtube.com/user/aguasdani

JORNADA DAS MAHAVIDYAS

Da esquerda para a direita, primeira fileira: Kamala, Tara, Sodashi, Bhairavi, Bhuvaneswari. Segunda fileira: Chinnamasta, Dhumavati, Kali, Bagalamukhi, Matangi.

Há muitas formas de se começar a falar sobre as Dasha Mahavidyas, as dez deusas da Grande Sabedoria. A primeira é que elas são um grupo de deusas muito poderosas da tradição purânica indiana, que existem no espaço mítico de quem as conhece e as têm como orientadoras de uma energia potente chamada Sakti, presente em cada uma de nós. Essas deusas criadoras de suas próprias vidas surgem como avatares de algumas outras deusas consideradas deusas-mãe na cultura indiana, por isso a aproximação que faço delas com seu poder na barriga, tanto no ventre (Swadisthana chakra) quanto no estômago (manipura chakra), dois pontos de importante movimentação energética. O primeiro correspondente a energia criativa e criadora e o segundo à energia do empoderamento ou força pessoal.

Esse grupo de deusas contempla dez avatares que têm em sua mitologia várias fontes de nascimento. Alguns dizem que elas nasceram de Sati, uma das consortes de Shiva; outros contam histórias de que elas vieram da deusa Parvati, de Kali ou de Durga.

Como a tradição oral é muito rica e não cabe na escritura, não temos registros textuais que embasem toda essa criatividade de construção de histórias de cada uma delas. Aqui vou contar a versão sobre a origem em Durga, que ouvi de uma querida professora e mestre, Flávia Venturoli de Miranda, e que também, de alguma forma, encontrei escrita (não exatamente como conto), no texto purânico (400 a 500 d. C.) Chandi Pathah, ou Devi Mahatmyam.

As Dasha Mahavidyas são representações da força feminina e também do Saktismo, sistema indiano centrado no culto de Sakti, que representa o Poder Absoluto. Em algumas histórias, como a de Durga, vemos que as deusas são suficientes por si só para a sustentação da ordem cósmica — Durga é a própria Sakti encarnada, que se desmembra nas dez (dasha) grandes deusas (Mahavidyas). Elas são, portanto, o Absoluto.

Já nas versões de Parvati, Sati e Kali, as deusas são vistas como forças que dominam a si mesmas e se colocam em igualdade perante o masculino, empoderando-se diante de um homem, seja ele um consorte ou um pai, sem a necessidade de que este cuide dela, a oriente ou mesmo a domine. Vamos a uma história:

Diz-se que os deuses estavam bastante preocupados com o que seria do universo, uma vez que o caos se instalara quando o demônio Mahisasura resolveu atacar, atrapalhando a recriação do mundo. Os deuses não sabiam mais o que fazer para manter a ordem; eram incapazes de deter o demônio, pois ele se transformava sempre que estava sendo atacado. Desse modo, os deuses se reuniram e decidiram que seria a hora de pedir ajuda à Grande Mãe, Durga. Eles entregaram suas armas e seus poderes para que ela pudesse destruir Mahisasura e seu exército. A batalha foi muito dura, mas Durga saiu vencedora.

A paz, porém, instalava-se apenas por pequenos períodos e logo surgia um novo demônio para perturbar a vida. Assim, vieram Canda, Munda e Raktabija, demônios derrotados com a ajuda de Kali, manifestada por Durga para que ajudasse nas batalhas. Assim, Durga ia se desdobrando em outras para que conseguisse restabelecer a ordem, vencendo todos os demônios que surgiam. Para derrotá-los, ela cortava suas cabeças.

A última batalha foi travada contra os demônios Nisumbha e Sumbha. Kali e outras deusas manifestadas a partir de Durga ajudaram a combater e a vencer os dois demônios. Inúmeros avatares das deusas foram criados por Durga para sustentar a ordem universal. As Dasha Mahavidyas foram algumas delas. E, a partir de seus surgimentos, cada uma ganhou sua própria história.

Assim, surgiu Kali, a deusa da destruição e da transformação cósmicas, a devoradora do tempo. Tara, apesar de seu aspecto feroz, bastante parecida com Kali, manifestou-se para proteger e guiar. Sodashi, veio como a deusa dos três mundos (criação, manifestação e dissolução). Bhuvanesvari, a deusa da sustentação. Bhairavi, a feroz. Chinnamasta, a deusa autodecapitada que alimenta a si mesma e às outras mulheres, trazendo consciência e nutrição a cada uma delas. Dhumavati, aquela que sustenta a morte. Bagalamukhi, a que aniquila os inimigos com o poder da palavra. Matangi, que traz a beleza, a arte e a música para o mundo. E Kamala, a deusa do amor. Com essas dez forças, e outras mais, Durga sustenta o universo inteiro. E as forças das Mahavidyas seguem atuando a todo tempo no espaço.

Essa história das lutas de Durga, representando a Potência Sakti, que movimenta e constrói o universo, é uma alegoria tanto das forças externas que movem nosso mundo quanto das nossas forças internas. Os demônios da história podem ser a representação das nossas sombras e Durga a nossa força interior, que dá conta da vida e transcende, se despedaçando e se recriando, sempre destruindo o que não é mais necessário e o que atrapalha e nos paralisa, criando algo novo que supera e traz força para continuar a jornada da vida.

SUGESTÃO DE PRÁTICA – PARA AMPLIAR A VISÃO

A seguir, proponho uma jornada para buscar e ativar a força Durga/Sakti que existe em cada uma de nós. Através dela, podemos superar medos, dificuldades e fraquezas na nossa vida e, a partir daí, encontrar motivação e adquirir consciência de que podemos criar nossa própria realidade da forma como desejarmos. Observando o momento pelo qual passamos, podemos também nos conectar com uma das forças específicas representadas por cada Mahavidya, buscando a energia necessária para nos guiar.

Você vai precisar de um espaço tranquilo, pois a proposta sugere uma dança intuitiva e livre. É bom também ter um tapete para se sentar e um aparelho de som, celular ou computador para que possa ouvir a música.

Passos da jornada

1. Interiorização

Sentamo-nos de forma confortável, buscando manter a coluna ereta. Braços relaxados sobre as pernas, mãos também descontraídas. Podemos fechar os olhos para trazer a atenção ao íntimo, observando o ritmo da nossa respiração. Sentimos todo o nosso corpo, dos pés à cabeça. Abrimos nossa percepção para as sensações que o corpo manifesta. Ficamos por alguns instantes atentas a essas sensações.

Trazemos à mente a força da deusa Durga e a potência da energia Sakti, buscando encontrá-las em nós. Podemos entoar um mantra de Durga, que ativa ainda mais as vibrações das células do nosso corpo, levando-nos a uma conexão com essa força.

Om Dum Durgayai Namaha

O significado desse mantra de força e proteção pode ser entendido como: "Abro a minha individualidade para a verdadeira universalidade".

Repetimos 108 vezes. O japamala pode facilitar a contagem.

2. A dança da Potência (A Sakti em nós)

Em posse da energia Sakti que há em nós, iniciamos uma dança livre, que representa a luta de Durga e a manifestação das Mahavidyas. Neste momento, nós nos desdobraremos nas dez Mahavidyas, sentindo a força de cada uma delas para enfrentar nossas batalhas. Ou, então, conectamo-nos com apenas uma das Mahavidyas no momento da prática.

Sugiro para este momento a música da batalha de Durga contra o demônio Mahisasura, intitulada "Mahisasura Mardini", cantada por Shanti People. A música está disponível no Youtube e em outros aplicativos de música.

Antes de começar, vamos lembrar a potência de cada uma das dez Mahavidyas:

Kali: transformação
Tara: proteção e guia
Sodashi: suavidade, delicadeza da juventude
Bhuvanesvari: sustentação do universo
Chinnamasta: desapego do ego e nutrição de si e de outras
Bhairavi: fúria
Dhumavati: morte
Matanji: sustentação da beleza e da arte
Bagalamukhi: destruição dos inimigos pela força da palavra
Kamala: conexão com o amor

3. Meditação com Yantras

Nesta imagem, vemos dez yantras, representações simbólicas geométricas que servem como ferramentas para a meditação. Cada um deles representa uma das Mahavidyas. Por meio da concentração em um yantra, a mente tende a cessar sua agitação e transcendê-la, trazendo uma nova frequência ao

cérebro que permite atingir um estado contemplativo e meditativo.

Meditar num yantra traz à tona a força do que o símbolo representa. Portanto, para finalizarmos nossa prática, sugiro que escolha um yantra para meditação. Não há necessidade de saber, a princípio, que deusa esse yantra representa, pois provavelmente você irá se conectar com a energia que já está sendo trabalhada em você. Depois da prática você poderá acessar o significado do desenho (*vide nota de rodapé*[3]).

Assim, escolhendo um yantra para focar o olhar, ajuste seu corpo numa postura confortável, com a coluna elevada, mas sem tensão, e mantenha a atenção na imagem. Apenas esteja aberta à percepção das sensações que possam surgir durante esse exercício de concentração. Mantenha a mente relaxada, a respiração natural, deixando que seu olhar mergulhe na imagem e que seu corpo se atente às suas sensações. Fique em meditação o tempo que for confortável.

Ao terminar, feche seus olhos, sinta mais um pouco a vibração interna. Respire profundamente e relaxe.

4. Conclusão

Para finalizar essa prática, você pode desenhar ou escrever, de qualquer forma que tiver vontade, o que você sentiu ou compreendeu das energias que acessou.

Gratidão!

Om Dum Durgayai Namaha

---

[3] Do topo, em sentido horário, os yantras correspondem às deusas: Kali, Tara, Sodashi, Bhuvaneswari, Bhairavi, Chinnamasta, Dhumavati, Bagalamukhi, Matangi, Kamala.

ÚTERO

Val Teixeira

Bendito seja meu útero,
que se reveste de carne e me veste de prazeres
Sou em ti e és em mim
Não temo o passado, já que me renovo em ti a cada fim...
Tampouco temo o futuro, já que sou teu fruto e,
através de ti, semeio o mundo
E assim somos o princípio de tudo... e de todos.

Val Teixeira

Sou libriana, com Lua em Peixes e Vênus em Escorpião. Isso explica minha conexão com o invisível, ao mesmo tempo que me leva às profundezas do prazer da carne.

Bisneta de indígena, laçada para casar com homem branco, o qual lhe deu o nome de Rita. Mal sabia ele que Rita seria a forma como todos da família seriam reconhecidos, inclusive ele que passou a ser chamado de "Sr. José Rita".

Neta de parteira de quem herdei o dom da doulagem, a paixão pelo corpo da mulher e o inusitado prazer de menstruar. Desde criança, vivencio em meus ciclos um misto de prazer e poder que eu definia como "a guardiã do segredo". Em minha adolescência, não se falava de menstruação e, quando o fazia, era com nomes disfarçados e só para criticar.

Minha alma escolheu o caminho da psicologia para transmitir meus conhecimentos ancestrais e, há 25 anos, trilho o caminho da cura através do inconsciente que se manifesta nos sonhos, no corpo, nas doenças, na maternidade e em tantas outras formas sutis e outras nem tão sutis.

Encontro na visão sistêmica e nas constelações os segredos revelados no corpo através das doenças físicas, dores crônicas, infertilidade e uma infinidade de sinais que o corpo libera para pedir por cura.

Nas próximas páginas, vou compartilhar com vocês um pouquinho do meu trabalho.

Instagram: @valteixeira_psi
YouTube: Val Teixeira Terapeuta
Blog: https://valteixeira.com.br/blog/

AS EMOÇÕES DAS DOENÇAS

Somos a causa de tudo.

Essa afirmação nos assusta, não só pela complexidade, mas principalmente pela responsabilidade que nos dá. Assumir nossa vida vai além de nos alimentar, trabalhar, procriar. Assumir nossa vida é dar existência a nossa essência, aquela que só nós mesmas podemos reconhecer. Aquela que não pede para existir, apenas é.

Somos tudo o que vivenciamos, ouvimos, sentimos, sonhamos. E, quando ampliamos nossa visão, percebemos que somos também mais do que aquilo que está em nosso campo consciente. Afinal, nossa história começou muito antes de nascermos. Quando ainda éramos apenas um plano, sem corpo e sem nome, já tínhamos um papel – o de bisnetas, netas, filhas... Filhas do amor, da falta de amor, de um sonho, de um abuso...

Seja qual for a nossa história, negá-la não nos liberta do nosso destino, que tem um só caminho – o do futuro. Caminhar para o futuro é a única forma de honrar o passado, aquele que, muitas vezes, insistimos em esquecer, acreditando ser esse o antídoto para superar nossos entraves. Usar a mente para driblar memórias que nos paralisam ou ferem é a causa de muitas ansiedades, insônias e irritabilidades. Se tudo o que vivenciamos está em nós, negar é uma luta cruel e inútil.

Com as doenças, ocorre o mesmo processo. Um corpo adoecido é uma alma que pede ajuda. Calar a voz de nossas doenças não nos cura. Seu pedido de socorro ecoará através de outras dores, e outras, e outras... É justamente quando reconhecemos e acolhemos nossas histórias que nos tornamos capazes de seguir nosso destino.

O objetivo deste capítulo é trazer consciência sobre a necessidade de conectarmos mente e corpo. Através de nossas emoções, reconhecer nossas feridas e fazer as pazes com nossa natureza, aquela que sabe exatamente para onde devemos e queremos ir.

Não que seja simples. Encarar nossas dores internas, muitas vezes, torna-se tão ameaçador que preferimos sentir a dor física. Frente a essa escolha, de uma forma inconsciente, autorizamos nosso corpo a adoecer. É como se, assim, tirássemos de nós a responsabilidade pelo que buscamos em nossa vida. Apoiamo-nos na doença como um álibi perfeito, pois acreditamos que a limitação é consequência da doença, e não de uma necessidade interna. Necessidade que pode estar atrelada a referenciais herdados, a um trauma ou a crenças limitantes.

Falamos de nossas doenças com mais propriedade do que falamos de nós mesmas. Deixamos que as enfermidades se tornem maiores que nosso ser. E, assim, justificamos nosso sedentarismo com a fibromialgia, nossa agressividade com a enxaqueca, nossa irritabilidade com TPM. Sem perceber, vamos tirando de nossas mãos o protagonismo de nossa felicidade.

Assim, passamos a vítimas do destino e das doenças, isentando-nos de toda autoridade sobre nós mesmas.

É fato que conhecer a origem fisiológica das doenças se faz necessário, e a Medicina está aí para nos ajudar. Uma vez que um problema se manifestou em nosso corpo, não podemos negá-lo ou minimizá-lo. Buscar auxílio médico é fundamental. Mas uma coisa é conhecer a doença que nos assola, outra é conhecer a causa que a origina.

Tratar e retirar a doença sem ouvir sua mensagem é não aproveitar a chance que temos de mudar nosso destino. Junto ao tratamento convencional, podemos buscar caminhos de reconhecimento, observando nossas posturas e escolhas, as vivências às quais nos obrigamos e os padrões familiares que repetimos como se fossem heranças irrefutáveis. É essencial ouvir as emoções que se escondem em nossos problemas de saúde.

Sim, somos parte de um sistema que muitas vezes carrega doenças que se repetem e nos levam ao mesmo destino vivido por nossos antepassados. Mas é importante saber que esses padrões podem ser mudados, a partir do momento em que ampliamos a consciência sobre nós e assumimos nossa responsabilidade. Sem culpar nossos antepassados, nem tampouco acreditar que estamos destinadas a sermos tão somente o que eles nos ofertaram. Somos herdeiras de um útero, lembram? Nele, tudo é gerado, inclusive nossas novas histórias.

Quando o foco se volta para nós, mulheres, essas questões internas se intensificam, uma vez que nossas linhagens femininas são feitas de gerações oprimidas, sofridas. Aprendemos a ser mulheres com nossas mães, que aprenderam com nossas avós e, assim, sucessivamente.

Mulheres que foram oprimidas e que não foram nutridas emocionalmente tendem a também se tornar pouco nutridoras. Nutrição emocional é fundamental para a própria saúde, para a saúde dos filhos e de novos projetos.

Desprovidas de alimento, algumas mães depositam nos filhos a função de preenchê-las. Para isso, mantêm os filhos presos ao seu amor, enquanto elas se mantêm presas ao único papel de mães.

Durante muito tempo, e assim ainda é para alguns, ser mãe era uma obrigação da mulher. E a única função do útero era gerar filhos. Mas o útero é responsável por muitos outros tipos de nascimentos – de projetos, sonhos, ideais... Uma mulher sem filhos continua sendo uma mulher. Uma mulher sem sonhos é um corpo sem alma.

O útero que deseja filhos e não os gera não é necessariamente um útero infértil. Pode ser que ele apenas abrigue um feminino desautorizado, que teme pela vida e encontrou na doença sua melhor expressão. Quando mudamos nossa visão sobre as doenças, enxergamos outras verdades... E então:

• A endometriose pode deixar de ser uma doença e passar a ser um portal para uma vida menos competitiva, com menos controle e mais permissões.

• Os cálculos renais podem deixar de nos trazer dores e nos falar que os ciclos precisam terminar, que podemos filtrar o que/quem precisa ir, sem medo e sem culpa.

• A cistite pode deixar de ser um incômodo e nos explicar sobre a urgência de nos livrarmos de toda castração ou acúmulos de traumas ligados à sexualidade.

• Os corrimentos vaginais podem deixar de ser vergonhosos e nos autorizarem a nos distanciar de relacionamentos indesejados, abusivos.

• Os miomas deixam de ser um obstáculo e nos autorizam a gerar – sejam filhos, sonhos, projetos, caminhos novos...

Olhando, reconhecendo e acolhendo todas as mensagens de nossas doenças, podemos nos curar para a vida e acolher nosso destino.

SUGESTÕES DE PRÁTICAS

Prática 1

E então, vamos fazer as pazes com nosso corpo?

O que proponho aqui é um exercício dinâmico, em que você vai se movimentar e acessar sensações corporais. Para não interromper o fluxo da prática, retomando às instruções do texto, todo o tempo, sugiro que você leia o texto abaixo em voz alta, gravando-o no seu celular. Assim, você terá uma condução a partir da sua própria voz. Na hora de gravar, lembre-se de ler o texto vagarosamente. Faça pausas entre as frases e parágrafos para que você tenha tempo de realizar as movimentações e experimentar as sensações antes de passar à próxima instrução.

Vamos lá!

Em um lugar tranquilo, sozinha ou em grupo de mulheres, escolha uma música que te agrade para dançar. Com muito respeito, autorize seu corpo a se movimentar dentro de seu limite e com prazer.

Comece a dança se concentrando na cabeça e mexendo o mínimo possível o resto do corpo. Enquanto se entrega à música, despenteie-se, massageie seu couro cabeludo, franza a testa, arregale os olhos e busque dentro de você todo sentimento de rejeição – aquele que te isola, deixa você insegura, ameaçada e incapaz. Deixe que seu corpo emita sons, que seus olhos chorem, que seus cabelos se baguncem e diga em voz alta repetidas vezes:

EU EXISTO! EU OCUPO MEU LUGAR NO MUNDO!

Aos poucos, desça sua atenção para a boca e para o pescoço. Com movimentos circulares, mexa sua cabeça enquanto abre a boca, faz caretas, coloca a língua para fora e encontra dentro de você o sentimento de abandono, aquele que te faz temer a solidão, torna você dependente, com medo de magoar o outro, em relacionamentos abusivos. Deixe que seu corpo expresse seus sons, seja em forma de choro, ânsia de vômito, arrotos, bocejos e diga em voz alta repetidas vezes:

EU TENHO VOZ! EU SOU OUVIDA!

Esse exercício pode provocar reações do sistema digestivo. Não tenha medo, tudo que tiver que sair já não te pertence.

Continue os movimentos, agora se concentrando no tórax e no abdômen. Abra o peito e curve-o alternadamente, movimente os braços e massageie o ponto central entre seus seios. Contraia seu abdômen e estenda-o. Resgate toda sensação de abuso emocional e humilhação que te coloca em situações de manipulação, fraqueza e vergonha de se expressar. Continue emitindo os sons que seu corpo pede (grito de raiva, xingamentos, choro) e repita diversas vezes:

EU SOU IMPORTANTE! EU TENHO VALOR!

Finalmente, concentre seus movimentos nos quadris, sempre em círculo. Rebole e se entregue ao prazer desses movimentos enquanto busca dentro de você sensações de traição e desprezo. Libere os sons que seu corpo precisa (gemidos, choro, gargalhadas). Repita diversas vezes:

EU SOU AMADA E POSSO AMAR!

Aos poucos, vá liberando todo o corpo para a dança, a dança que é só sua, com sua coreografia, seu ritmo e seus sons. Massageie os pontos trabalhados (cabeça, boca, tórax, abdômen e quadris, virilha, vulva e nádegas).

Por fim, abrace-se, vá se aquietando, recolha-se numa posição confortável e desfrute o prazer de toda liberação que trouxe para seu corpo.

Prática 2

Agora, lhe convido a uma prática mais introspectiva. Prepare um ambiente aconchegante para acolher sua intimidade. Recorra a tudo que lhe traz prazer como cheiro, música, luz, temperatura e um lugar no chão propício para você deitar. Pode ser um colchonete ou simplesmente uma canga que você possa sujar de óleo.

Prepare uma cumbuca com óleo vegetal — sugiro óleo de côco ou de gergelim. Aqueça em banho-maria para que fique em uma temperatura agradável a sua pele.

Depois, use e abuse desse óleo em todo o seu corpo, começando pelo rosto, descendo pelo pescoço, braços, seios, abdômen, nádegas, virilha e coxas. Desça até os pés massageando bem devagar, sentindo a textura da pele, a textura do óleo, a sensação da temperatura e se entregue a essa sensação. Lembrando que o óleo vegetal pode ser utilizado em mucosas também, como vulva e ânus.

Permaneça nesse estado pelo tempo que sentir necessário e depois vá para seu banho (se for de banheira, muito melhor).

O objetivo dessa prática é oferecer prazer ao seu corpo e despertar emoções.

Ah! De preferência, faça a oleação do seu corpo em jejum ou longe dos horários das refeições. Também evite fazer esta prática se você estiver gripada ou com alguma outra condição de saúde que esteja demandando um trabalho de restauração do seu corpo. Espere ele se restabelecer para então desfrutar dessa deliciosa e poderosa forma de nutrição pela pele.

PERNAS

Adriana Casonato Portugal

"Quando uma mulher decide curar-se, ela se transforma em uma obra de amor e compaixão, já que não se torna saudável somente a si própria, mas também a toda a sua linhagem".

Bert Hellinger

Nasci em Andradina, interior de São Paulo. Desde pequena, meu espírito é de desbravadora. Como boa sagitariana, me defino como um Ser do mundo, vou em busca das minhas flechas. E elas me levaram para duas áreas: Designer de Interiores e Terapias Sistêmicas.

A paixão pela arte foi minha primeira flecha. Amo o desenho, a pintura e a decoração. A beleza, a harmonia e o equilíbrio das formas, a geometria sagrada me encantam.

A segunda flecha me levou para as profundezas do meu Ser, da minha mente, das emoções e do meu espírito. Para os mistérios da vida e da morte, para o Sagrado, para a ancestralidade e linhagem feminina e para os ciclos da natureza.

Esses são dois caminhos cheios de estradas, ruas, vielas e avenidas. Eles me levaram a desbravar a cada dia a conexão com a Fonte Divina, através da Consciência Sistêmica, onde tudo faz parte e tudo está conectado. Sigo sabendo que somos todos um em essência.

Todas essas vias me enriquecem porque sei que elas sempre me trazem de volta para dentro de mim. E aqui, mais inteira, posso oferecer o meu SerVir ao Mundo.

Sou Designer de Interiores Terapêutico, Consteladora, Terapeuta Sistêmica, Master em Neurolinguística e Hipnoterapia, Mentora do Feminino, Moon Mother e Facilitadora de Artes Criativas.

Instagram: @adrianaterapiassistemicas
YouTube: Adriana Terapias Sistêmicas

SOU UMA FRUTA DO CÉU E DA TERRA

Quando criança gostava de subir em árvores, adorava o desafio da escalada, mas também amava ver a vida lá de cima. Sempre gostei de escalar as goiabeiras e de comer as goiabas vermelhas, e esta era a árvore mais fácil de subir. A de tamarindo era a mais difícil, mais alta, mas estes desafios eram vencidos e me deliciava com seus frutos azedinhos.

Ah, a infância! Tenho também boas lembranças de um pé de jabuticaba do sítio dos meus tios avós, onde íamos em todos os feriados de Páscoa. Lá tinha outras árvores, mas minha favorita era jabuticabeira, os tios colocavam escadas para eu e meus irmão subirem, para não pisarmos nos galhos cheios de frutas.

Eu achava interessante e gostava de observar aquelas frutinhas redondas, de um roxo profundo, todas juntas, unidas em um cachinho, presos nos troncos e nos galhos daquela árvore.

Que riqueza! Vejo as jabuticabeiras como uma expressão de abundância da natureza, que enche os meus olhos!

E hoje, gosto de comparar a mim, como uma fruta, sim, uma fruta! Uma fruta que nasceu de uma árvore, uma fruta viva, que se movimenta e se comunica, com tudo e com todos em sintonia com os ciclos da natureza, com os ciclos da vida.

É como se eu fosse uma fruta energética, como se a energia da seiva da árvore mãe que me sustenta, corresse nas minhas veias, como o meu sangue. Assim como existe em meu DNA a herança genética familiar que sou herdeira. As frutas também têm heranças, guardam as memórias ancestrais, biológicas do início da vida na terra...

Vejo meu corpo como uma fruta, com a idade que eu tenho hoje, que um dia foi semeada, gerada, nutrida, que nasceu, cresceu, foi flor, desabrochou e que já viveu muitas histórias até hoje.

Muitas delas são boas, e outras não tão boas, mas hoje eu sei que muitas dessas histórias estão interligadas com as histórias dos meus pais, meus avós e bisavós paternos e maternos. Elas são as histórias da minha ancestralidade. Estou ligada a elas, como se por um cordão invisível, temos um vínculo energético.

Falando em ancestralidade, compartilho aqui um vislumbre que tive olhando certo dia para uma árvore em uma praça. Foi um instante de clareza desta grandeza que é a Vida.

Era noite e acabara de facilitar uma Constelação Familiar. Já por algum tempo vinha experimentando e integrando os ciclos da vida na minha realidade, através de conhecimentos ancestrais femininos, e observando aquela árvore, lembrei-me da frase "O Céu desce à Terra e cria a Vida", esta é uma frase contida em um dos símbolos do Reiki.

E o que se revelou mim, foi mais ou menos assim:

"Quando o pai, o Céu, desceu à terra e depositou suas sementes no solo fértil da Mãe, a Terra, esta se abriu para receber, acolhendo amorosamente as sementes que foram depositadas no seu solo fértil e rico.

Nas sementes do pai, do masculino, está contida a força propulsora da vida, a energia da criação, em suas muitas pequenas sementes estão a promessa de grandes árvores, de grandes frutos.

Na terra, a mãe, como um grande útero que sempre acolhe e nutre as sementes com tudo que elas precisam, é o lugar perfeito, que proporciona a proteção adequada para que as sementes do pai se desenvolvam.

A terra em com suas riquezas nutritivas, está a serviço da vida, ela oferece a confiança do sustento, de ter as necessidades atendidas na abundância do seu útero e no seu seio materno.

Assim nasceram as árvores! Como na árvore genealógica, herdamos as memórias genéticas do nosso pai e da nossa mãe, e também temos a herança energética dos nossos ancestrais, da nossa linhagem sistêmica. Mas, além disso, temos a memória do céu, das estrelas no mais profundo da nossa mente.

Sim! Nós, a humanidade somos todos filhos e filhas, somos frutos do Céu e da Terra. Nós mulheres, somos frutas, do Masculino e do Feminino que nos geraram com o mais puro Amor Sagrado."

Hoje, reconhecer isso, é muito simples e lindo. Cada árvore, assim como nós, contém a promessa da Vida, contém em si, a centelha do amor divino, que foi germinada com o amor da mãe divina.

De uma árvore eu vim, fui um botão que desabrochou em uma flor bela e perfumada, desta flor cresceu uma fruta, que amadureceu. Muitas vezes vejo que sou colorida, saborosa e suculenta.... Em outras posso até parecer azeda, amarga, e até murcha.... Mas vejo que a vida acontece em ciclos, tudo são experiências necessárias para os ciclos de morte e renascimento, e é um alívio saber que o espírito nunca morre, e que posso sim, deixar morrer aqui, o que não me serve mais.

Podemos morrer e renascer na mesma vida, várias e várias vezes, temos nossos ciclos internos, temos os ciclos da lua, temos as estações do ano para nos ensinar. Basta observar os ciclos de vida na natureza, de vida, morte e vida, onde tudo nasce, cresce, se desenvolve e um dia morre.

Veja os ciclos das estações do ano, no verão vemos as árvores vivas e frescas, no outono elas perdem suas folhas, no inverno parece que estão mortas, mas estão apenas dormindo, se renovando, e despertam na primavera, florescem para depois darem frutos, que amadurecem e caem, e suas sementes voltam a terra para serem germinadas. E assim voltamos ao ciclo, ao fluxo natural da vida, assim também é o fluxo sistêmico dentro de um campo familiar.

Para mim, não existe só mortes, mas também renascimentos, transformações, e como compartilho do útero da mãe terra, presto atenção aos detalhes da natureza, observo sua sabedoria e fluidez sem esforço. Seguindo seus ciclos, me harmonizo e me equilibro internamente, ganho compreensão e sabedoria praticando na vida... aqui, na vida, também posso compartilhar da sua abundância, posso florescer e doar flores, também posso multiplicar meus frutos e doá-los, posso ser contribuição para a continuação da abundância de vida na terra.

Esse é um ciclo natural e sem esforço. As plantas não se esforçam para crescer, elas simplesmente crescem, sabem que são alimentadas pela terra e pela luz do sol. Se tem necessidades, como a água da chuva, e mesmo se ainda não choveu, elas sabem da promessa da chuva, elas sabem da promessa da vida...elas sentem a presença da chuva, têm a certeza em suas memórias. Confiam naturalmente que a natureza é sábia, e nesta confiança, começam a brotar, e crescem tranquilamente confiando na força sistêmica, que as sustentam e abastecem com tudo o que elas precisam. Pois sabem que fazem parte da natureza, do Todo. As plantas sabem que são amadas e sustentadas pelo Todo.

Hoje, raramente subo em árvores, mas meu gosto por elas e pelas frutas permanece. Recentemente resgatei meu gosto pelas amoras de um vermelho forte cor de maravilha. Estou entusiasmada com a terra fértil onde tudo podemos plantar, e sigo me dedicando a multiplicar mudas de amoreiras, através dos galhos de uma árvore mãe que tenho aqui no sítio. Elas vão se tornar grandes árvores, e vão trazer muitas outras frutas maravilhosas para o mundo.

Mulheres, com corpos em forma de frutas como eu, saibam que, somos sim, uma com a natureza, já somos amadas e protegidas por ela, já somos sustentadas e abastecidas, com tudo que necessitamos para viver abundantemente aqui. E que nossas pernas são como pilares que nos elevam a uma nova consciência. Com elas podemos caminhar aqui, sentindo os pês firmes na terra e cabeça nas estrelas do céu.

Com os pés enraizados em conexão com a abundância da Mãe Terra e de nossos ancestrais, nos sentimos fortes; com a mente expandida em conexão com as estrelas guias do Céu Pai, nos sentimos divinas. Unidas neste equilíbrio, e com a guiança e confiança nos ciclos da natureza seguimos, levadas pelas nossas pernas a percorrer o nosso caminho, fazendo escolhas mais sabias em direção ao nosso destino sagrado nesta existência.

Nosso corpo é fruto do céu e da terra, aqui podemos celebra-lo, caminhando, dançando, fluindo, sentindo a vida que pulsa em nosso físico e também nossa energia vibrando em uma frequência mais elevada.

Somos a maravilha sagrada da vida! Você é, eu sou, nós somos as frutas vivas!

SUGESTÕES DE PRÁTICA

Prática 1 – Conexão com o Céu e a Terra

Trago uma meditação guiada para a "Conexão com o Céu e a Terra". Faça sozinha ou em grupo de mulheres. Acesse o áudio no meu canal do You Tube através do QR Code ao lado. Fique sentada ou deitada, mas confortável e desfrute desta experiência sistêmica.

Prática 2 – Massagem para pernas e pés

Faça uma massagem nas pernas e nos pés, com óleo essencial ou vegetal de rosa mosqueta. Esta massagem trará uma renovação e um novo fluxo para o seu caminho. Crie um clima tranquilizante com um incenso perfumado e luz de velas.

Faça deste um momento especial para relaxar. Ofereça o óleo para que as mulheres façam em seus próprios pés quando estiverem em roda. Ou ainda poder ser oferecido para outra mulher, em um grupo de trocas.

Comece pelos pés, com o óleo em suas mãos, faça movimentos circulares por todo pé, um de cada vez, focando em pontos doloridos, ou siga seu sentir, onde massagear mais ou por mais tempo. Depois deslize suas mãos subindo para suas pernas, com movimentos suaves ou fazendo mais pressão onde sentir ser necessário.

Ao final, respire profundamente, sentindo a energia fluir de seu pés para suas pernas. Retire o excesso com toalhas de papel.

Prática 3 – Suco de frutas vermelhas

Minha terceira sugestão é um suco de frutas vermelhas. Para você se deliciar, ou servir este suco em seus encontros ou círculos de mulheres. Crie uma potência junto com mulheres honrando o sangue da vida.

Um punhado de amoras, um de morangos, outro de framboesas, mirtilos, acerolas, pitangas, groselhas. Use um punhado de cada fruta vermelha que encontrar.

Bata tudo no liquidificador com um pouquinho de água

Em uma jarra acrescente algumas rodelas de toranja (opcional)

A quantidade é de 1 a 2 litros de água gelada e gelo a gosto.

Se sentir necessidade adoce com mel.

Enquanto beber, faça uma breve sintonização, segue uma sugestão:

"inspire profundamente, sinta as batidas de seu coração, sinta-o bombear do sangue que corre em suas veias. Sangue este, que trás as memórias de suas ancestrais de uma época bem, bem distante, em um tempo onde todas essas mulheres eram livres. Bebam em honra a elas"

PÉS

Bruna Silveira

PÉS QUENTES, MENTE FRIA

Pílula pra dormir, cafeína pra acordar
É tanto pensar que mal cabe o sentir
É tanto falar que não se pode escutar
O silêncio é uma insuportável monotonia.

A cabeça insone borbulha sem querer fechar os olhos
O corpo não aguenta
E tem como aguentar?
A vida exige pausa.
Toca a própria pele
Reconhece os limites
Dá contorno.

E pra inquietude da alma?
Lembra quando a vó falava:
"Pés quentes, mente fria".
Por onde andava esse importante saber ancestral?

Deita os pés na água morna
Respira, respira
Solta os pensamentos
Deixa o corpo descansar
A energia estagnada fluir
O fogo descender
Aterrar.

"Não esquece de botar a meia, menina.
E lembra que tudo passa: a Lua, o tempo, a dor, a graça".

BRUNA SILVEIRA

Sou mulher e mãe — rótulos que definem a minha existência atual. Exatamente por isso, sou feminista. E também por isso, vivo ciclos de conexão e reconexão com as descobertas do feminino — o meu feminino e o do mundo. Sou médica de família e comunidade formada pela Faculdade de Medicina da USP, defensora do SUS e supervisora do programa Mais Médicos para o Brasil desde 2015. Em 2020 e 2021, coordenei e fui médica voluntária do projeto Agentes Populares de Saúde da Uneafro Brasil, projeto de auxílio às comunidades periféricas no enfrentamento da pandemia de covid-19. Sou acupunturista e fitoterapeuta pelo Centro de Medicina Tradicional Chinesa (CEMETRAC), formada em dietoterapia chinesa pela Sociedade Taoísta do Brasil, estudei homeopatia e aromaterapia e sigo em constante busca das práticas e dos cuidados integrativos e naturais que valorizam a autonomia em saúde. Fui integrante da ONG Casa de Lua e fundadora do grupo "Panapaná — Saúde e Feminino". Definitivamente sagitariana e defensora da arte como ferramenta de transformação social, sou formada em clown (palhaça) pela ONG Sorrir é Viver e fui idealizadora e criadora do congresso "MCA — Saúde, Cultura e Arte".

Idealizo e realizo na medida que meus pés alcançam os projetos "Universo Pitaia — Saúde e Feminino" (página e podcast — @universopitaia), "Autonomia Sobre Nossos Corpos" e "Ciclo Adolescer". Quando os pés cansam e não alcançam, aceito, sento, respiro e faço um escalda-pés.

Instagram: @universopitaia

AUTONOMIA SOBRE NOSSOS CORPOS: EQUILÍBRIO YIN E YANG

No apogeu do dia, a noite começa a nascer. E quando a noite se deita, ao nascer do sol, o dia, em seu crescente silencioso, predomina e toma conta do céu.

Como opostos que são, parecem não existir ao mesmo tempo. Mas não só coexistem, como um não existe sem o outro. Mesmo nos polos norte e sul da Terra, onde a plenitude do sol dura muito mais que um só dia, é no ponto máximo da temporada de luz que a escuridão começa a se preparar para ter a sua vez.

Nessa linda dança, observamos com nitidez a perfeita correlação entre yin e yang – essas duas forças opostas e complementares que regem todos os movimentos do cosmos, do planeta, da natureza e dos seres vivos. E é isso o que demonstra a representação gráfica a seguir: o ápice de um contém o início do outro – o ponto yin dentro do yang e o ponto yang dentro do yin.

Assim é o dia e a noite.
Assim é a luz e a escuridão.
Assim é o quente e o frio.
Assim é a ação e o recolhimento.
Assim é a vigília e o sono.
Assim é a vida.

YANG – YIN
O dia – A noite
O sol – A lua
O céu – A terra
A primavera e o verão – O outono e o inverno
O masculino – O feminino
O linear – O cíclico
A extroversão – A introspecção
A ação – O acolhimento
A razão – O sentimento
A expansão – A contração
A lógica – A intuição
A força – A suavidade
Para fora – Para dentro
Superficial – Profundo
Assertividade – Receptividade
Pensativo – Contemplativo
Atividade e movimento – Repouso
Falar – Escutar
Agir e fazer – Silenciar

A saúde do mundo, da natureza e dos nossos corpos e mentes depende do equilíbrio dessas duas forças e dos cinco elementos que delas se desmembram: madeira (primavera-fígado), fogo (verão-coração), metal (outono-pulmão), água (inverno-rins) e terra (neutra-"verão tardio"-baço).

Mas o mundo não está saudável. Demonstra, cada vez mais, que precisamos recuperar esse equilíbrio de forças. Precisamos parar de agir desenfreadamente, destruir e guerrear. Precisamos da sabedoria das águas-feminino-yin para cuidar de toda essa destruição que o fogo--masculino-yang têm gerado no mundo.

Necessário dizer: o fogo-masculino-yang não é naturalmente destruidor. Quando há equilíbrio, é uma maravilhosa força de transformação e transmutação, de ação propositiva e de construção. Ela apenas se torna uma ação desgovernada, que culmina em guerra e destruição, se está presente em excesso e em desequilíbrio com o seu oposto complementar.

Quando pensamos no nosso corpo, a importância desse equilíbrio é a mesma: o yang é a função e o yin é a estrutura dos órgãos e vísceras. Yang é tudo o que é superficial; yin, o que é profundo. Yang são as sensações e sintomas quentes na mente e no corpo, yin, os frios. Yang é energia, vitalidade, tudo o que é dinâmico; yin é recolhimento, serenidade, tudo o que é estático.

É natural e intrínseco a todos os seres vivos buscar e desejar viver estados de maior vitalidade, de maior plenitude yang. Mas o mecanismo de busca compulsória desses estados, negligenciando a importância dos estados yin, é parte da mesma lógica perigosa e depredadora que acomete o planeta hoje – e os efeitos no nosso corpo também podem ser de queimar e destruir. Precisamos observar, escutar, acolher e silenciar. Precisamos integrar as pausas e o respiro. Precisamos recuar. Fora e dentro.

Tudo é yin e yang, todos somos yin e yang – em diferentes proporções e expressões. Algo ou alguém é "mais yang" somente se comparada a algo ou alguém "mais yin". Por exemplo: todos os estados físicos da água têm as propriedades yin-estrutura e yang-dinamismo, mas o gelo é o mais yin de todos porque é mais estático, frio e seu dinamismo, molecular, não é evidente; enquanto isso, o vapor d'água é o mais yang porque é o mais volátil, dinâmico, quente e o que não é evidente é a estrutura de suas partículas.

Já a água em seu estado líquido é yang-dinâmica, em comparação ao gelo, e yin-estática em relação ao vapor. O mesmo acontece no nosso corpo: o coração é o órgão mais yang do corpo: sua função de bombear o sangue não para nem por um minuto – e essa função pode ser sentida, ouvida e percebida muito facilmente. No mesmo sentido, os rins são os órgãos de propriedade mais yin: são mais profundos e estáticos – claro que possuem uma ação metabólica incessante de filtragem de sangue, mas isso ocorre num nível menos perceptível. O fato é que tanto o coração quanto os rins detêm ambas as propriedades: yin (estrutura) e yang (função).

Seguindo esse mesmo raciocínio, podemos pensar que uma pessoa extrovertida é mais yang em relação a pessoas mais introvertidas, e uma pessoa mais tímida é mais yin em relação a pessoas mais efusivas – sendo que ambas têm e precisam das duas energias para encontrar equilíbrio e saúde.

É importante dizer que, embora o yang corresponda à energia masculina de linearidade, extroversão, ação e pensamento, e o yin represente a energia feminina de ciclicidade, introversão, pausa e sentimento, muitas mulheres cis podem ter personalidades mais yang que homens cis, e muitos homens cis também podem ter personalidades mais yin.

Mas qual a importância prática de tudo isso?

Quando compreendemos bem nossos padrões mentais e físicos, podemos pensar em estratégias comportamentais, alimentares e terapêuticas específicas para a restauração do equilíbrio. O equilíbrio é a saúde; no excesso ou na falta de yin ou yang é onde desenvolvemos os padrões de adoecimento. Por exemplo: pessoas com personalidade mais yang precisam encontrar ferramentas para silenciar, escutar, repousar e se recolher. Enquanto pessoas mais yin precisam desenvolver a fala, a ação, a assertividade e a expansão.

O desmembramento de yin e yang nos cinco movimentos citados anteriormente nos ajuda a aprofundar essa pesquisa e suas possibilidades de atuação. Para ilustrar, vamos falar sobre o eixo mental yin-yang mais evidente dos cinco elementos: o eixo fígado e pulmão.

O fígado está ligado ao elemento madeira e à estação da primavera. Ele tem o aspecto da mente que chamamos de alma etérea: nossas projeções, perspectivas, planos e relação com o outro e com o mundo externo a nós (portanto, de energia bem yang-masculina).

Já o pulmão está ligado ao metal e à estação do outono, tendo o aspecto oposto na mente: a alma-corpórea, que fala sobre a compreensão e o reconhecimento dos limites do corpo físico e da mente, correspondendo a uma energia mais yin-feminina de introspecção, recolhimento, escuta e autopercepção.

Quando estamos com sintomas mentais relacionados ao sistema do fígado, como a ansiedade ou processos de muita frustração (aspectos ligados às projeções), podemos pensar em fortalecer o aspecto oposto na mente: a alma corpórea do sistema do pulmão. Não à toa, para muitas práticas milenares, uma das ferramentas de harmonização da mente é a respiração – e para a medicina chinesa isso faz todo o sentido: se conectar à respiração é se conectar ao sistema do pulmão-metal-outono, manter-se presente e conectada à sua alma corpórea.

Todos esses estudos valem, inclusive, para entendermos a dinâmica de relações interpessoais. Uma dupla de pessoas de personalidade muito yin pode apresentar questões com falta de iniciativa e muita passividade; já duas pessoas de personalidade muito yang podem ter dificuldade para se escutar e acolher-se; e, quando uma pessoa yang e uma pessoa yin se relacionam, é necessária muita sabedoria para que uma respeite a velocidade e os tempos da outra, de modo que a pessoa yang aprenda a amparar e a ouvir, enquanto a pessoa yin aprenda a se colocar.

Compreender as relações, os balanços e desequilíbrios dessas duas forças e de seus cinco movimentos dentro do nosso corpo, nos nossos relacionamentos e no mundo nos permite identificar onde moram nossas forças individuais e nossas potências de expressão, além de nossas fragilidades e padrões de vulnerabilidade. É, assim, uma ferramenta importante de autoconhecimento para uma vida com mais saúde e bem-estar.

Para que tudo isso fique mais fácil de entender, vamos à prática!

SUGESTÕES DE PRÁTICA

Como explicado até aqui, tudo é yin e yang, em diferentes proporções. Mas, quando comparamos uma coisa a outra, um elemento a outro, uma pessoa a outra, podemos dizer o que ou quem é mais yin e o que ou quem é mais yang (sempre em relação a algo ou alguém). E essa é a nossa proposta de prática: refinar a compreensão sobre essas duas forças opostas e complementares através de exercícios de comparação.

Ao final, escrevo sugestões de respostas para quase todos os exercícios -- exceto o exercício 7, que só você pode responder.

Mas combinemos assim: você faz a prática e depois consulta as sugestões, está bem?

Então, vamos lá!

Primeira Parte – Exercitando o conhecimento de yin e yang:
1. **Planetas e astros**
Quais são os astros e planetas da nossa galáxia que você considera mais yang e quais você considera mais yin?
Tente pensar os porquês.

2. **Culturas: regiões, países e continentes**
Pense nos povos e culturas de cada país. Se fosse simples generalizar, poderíamos dizer que o povo brasileiro é mais extrovertido ou mais recatado? O Brasil poderia ser considerado mais yang e mais yin do que quais países? E dentro do Brasil, quais regiões e estados você diria que são mais yang e quais são mais yin? Por quê?
Como você pensaria os continentes nessa classificação?

3. **Animais**
Tente classificar os animais que te vêm na cabeça em yin e em yang. Quando houver dúvida, compare com outros animais. Ex: quem você diria que é mais yin: gato ou cachorro? Por quê?
Quem você diria que é mais yang: um pássaro ou um peixe? Por quê?

4. **Ervas e alimentos**
Quais ervas e alimentos você considera ser de propriedade mais quente (yang) e quais você considera de propriedade mais fria (yin)? Quais seriam mais "neutros" (em relação a alimentos muito quentes são mais yin, e em relação aos muito frios, são mais yang)?

Segunda Parte – Colocando o conhecimento em prática e promovendo o autoconhecimento e a autonomia em saúde:

1. **Sintomas físicos**

    O que são sintomas quentes (yang)? E frios (yin)?

    Como você acha que podemos usar as propriedades dos alimentos e ervas que você pensou no exercício anterior para cuidar dos diversos sintomas que apresentamos?

2. **Emoções**

    Raiva, medo, tristeza, alegria, euforia, fúria, pânico, timidez, preocupação, ansiedade, amor, paixão: o que é mais yin e o que é mais yang? Como você sente o seu corpo quando sente uma emoção mais yin? E como é quando a emoção é mais yang? Como sente que podemos cuidar dos diferentes tipos de emoção quando surgem com força?

3. **Personalidade**

    Você é mais expansiva ou mais retraída? Você é mais de falar ou de ouvir? De agir ou de sentir?

    Se você tiver um companheiro ou uma companheira, reflita: quem é mais yin e quem é mais yang? Se vocês dois/duas forem bastante yang ou bastante yin, quem é mais? Por quê?

    Agora pense nos seus familiares (pais, irmãs, irmãos, primas, etc) e em grandes amigas e faça o mesmo exercício. Ao responder essas perguntas, conclua: você se considera mais yang ou mais yin em relação à maior parte das pessoas que você conhece?

4. **Equilíbrio nas relações**

    O que você enxerga de potências e fragilidades em relações com duas pessoas que são mais yin? O que essas pessoas precisam trabalhar internamente para cuidar da relação?

    E nas relações de duas pessoas mais yang? Como você enxerga esses pontos?

E em relações com uma pessoa muito yang e a outra muito yin? O que você acha que é preciso para que uma relação entre pessoas muito opostas possa ser mais harmônica?

RESPOSTAS POSSÍVEIS
Antes de ler essa parte, lembre de tentar responder os exercícios.

Primeira Parte
1. Planetas e astros

Se pensarmos na nossa galáxia, certamente o Sol será o astro mais yang, por ser o maior e mais quente. O Sol é a luz e o calor que não cessam, lineares, e, nesse sentido, não há nada mais yang do que o Sol (a não ser um sol ainda maior de outras galáxias).

Em relação ao Sol, a Lua é bastante yin: cíclica, inconstante, com um lado sempre oculto, menor e mais lenta.

Os planetas mais próximos ao Sol podem ser considerados mais yang que os planetas mais distantes por serem mais rápidos e dinâmicos. Mas, dentre os planetas mais próximos do Sol, destaco os planetas Mercúrio e Marte como sendo mais yang do que, por exemplo, Vênus - por suas cores, temperaturas, composição, mas também nas leituras de arquétipos planetários: Mercúrio é o planeta da comunicação (ação yang), Marte é o planeta da ação e da guerra (ainda mais yang) e Vênus é o planeta do amor, da beleza, do prazer, da contemplação e do desfrute (yin).

Júpiter é um planeta também mais yang: é grande, gasoso e expansivo. Enquanto Saturno é menor e constrito por anéis -- mais yin. Seus arquétipos também são opostos: Júpiter é expansão e extroversão, Saturno a introspecção e a retração.

Os planetas mais distantes -- Urano, Netuno e Plutão -- podem ser considerados mais yin pela velocidade de sua translação e outras propriedades. Plutão pode ser lido como o mais yin de todos por ser mais misterioso e desconhecido (por muito tempo não foi considerado um planeta).

2. Culturas: regiões, países e continentes

No geral, podemos entender o Brasil como um país mais yang: climas tropical e equatorial, com uma cultura mais extrovertida e "calorosa". Geográfica e culturalmente, podemos considerar o Brasil mais yang do que muitos países europeus e asiáticos. Muitos países latinos possuem aspectos culturais mais yang (Colômbia, México, Cuba, Itália, Espanha, etc), especialmente se comparamos, por exemplo, às culturas orientais, anglo-saxônicas e nórdicas.

Em contrapartida, apesar de os EUA terem um povo menos caloroso que o Brasil, e ser um país de regiões geográficas também mais frias, há um aspecto yang que se sobressai: a cultura bélica e das guerras.

Quando pensamos em continentes, podemos considerar a América e África mais yang, enquanto a Europa e Ásia são mais yin.

Já dentro do Brasil, podemos considerar a região nordeste a mais yang e a região sul a mais yin (também pela cultura ou geografia).

3. Animais

Gatos certamente são mais yin e cachorros mais yang. Os cães têm essa energia extrovertida, alegre e incessante, enquanto os felinos são mais reservados, silenciosos e seletivos. No geral, as aves são yang em relação aos peixes por sobrevoarem o céu e serem homeotérmicas -- enquanto os peixes são pecilotérmicos (a temperatura corporal varia de acordo com a do meio em que se encontram -- são até conhecidos como animais de "sangue frio") e estão ocultos nas profundezas das águas.

Essas análises podem ser feitas comparando muitos e muitos animais.

4. Ervas e alimentos

Para além do quente e frio da temperatura do alimento aquecido ou resfriado, aqui vale pensar nas propriedades intrínsecas de cada erva e alimento, ou seja, se aquecem ou resfriam o corpo.

Quentes (yang): gengibre, cúrcuma, canela, pimentas, alho, cebola, café etc.

Frios (yin): melão, pêra, limão, salsinha, hortelã, água de coco, água etc.

Segunda Parte
1. Sintomas físicos

Em geral, tudo o que é mais yang é mais perceptível e superficial: febre, processos inflamatórios, vermelhidão, calor local, ardor, coceira, dor pulsátil, etc.

Sintomas yin podem ser sintomas que sejam efetivamente frios, por exemplo, cólica menstrual com sensação de frio nos pés e no baixo ventre, mas também sintomas como falta de disposição e energia (falta de yang), dores nos ossos e nos músculos que não sejam associadas a calor local (e que, muitas vezes, são realmente provocadas pelo que chamamos de "invasão de frio"), etc.

Podemos utilizar esses raciocínios também para cuidar dos sintomas: quando tenho um sintoma frio, devo aquecer, e, quando tenho um sintoma quente, devo refrescar - na medicina chinesa, dificilmente utilizaremos algo para gelar ou esfriar efetivamente o organismo. Nosso intuito, geralmente, é de drenar o calor - refrescar.

Para aquecer os sintomas yin, podemos utilizar as ervas e alimentos de propriedades quentes. Para drenar o calor dos sintomas yang, podemos utilizar ervas e alimentos frios-frescos, muita hidratação (água refresca), e também, por exemplo, utilizar práticas como a do escalda-pés.

Mas atenção: na dúvida, procure sempre consultar um terapeuta de medicina tradicional chinesa!

2. Emoções

Assim como nos sintomas físicos, as emoções yang costumam ser mais perceptíveis: na raiva, na fúria e na paixão sentimos calor, podemos sentir o rosto enrubescer e até sentir palpitação e taquicardia. Ou seja, os sintomas físicos e mentais yang irão acelerar as funções cardiovasculares.

As emoções mais yin, por sua vez, conseguem ser tão silenciosas que às vezes podem até ser imperceptíveis, como o medo. Podemos viver com um medo silencioso que ora ou outra aparece com mais evidência, mas que está sempre ali, à espreita, nos roubando força de vontade. Evidentemente o medo pode crescer tanto internamente, sem nossa percepção, que em um dado momento pode até ser convertido em um sintoma yang como o pânico, perceptível, que promove taquicardia e outros sintomas de calor.

3. **Personalidade**
Aqui é com você :)

4. **Equilíbrio nas relações**
Todas as relações terão desafios e aprendizados, potências e fragilidades. Qualquer combinação de personalidades pode ser uma oportunidade para evoluir em conjunto, assim como pode ficar estagnada nas falhas, quando não há abertura para transformações pessoais.

Uma relação de duas pessoas de personalidade mais yin pode cursar com desafios de falta de comunicação efetiva e falta de iniciativa, por exemplo. Já uma relação de duas pessoas de personalidade mais yang precisará trabalhar a escuta, o acolhimento, as pausas, o respeito ao espaço e limites do outro.

Quando duas pessoas de personalidade opostas se relacionam, os desafios citados acima se mantêm, e precisa haver um respeito mútuo das diferentes compreensões de caminhar do tempo e das necessidades de espaço. A pessoa yang precisa aprender a desacelerar, escutar e acolher. A pessoa yin precisa entender que a velocidade e o movimento são vitais para seu par. Se não há abertura, pode ser um desafio e tanto. Mas quando há, pode haver muita beleza na comprovação de que o oposto também é complementar.

PARTE FINAL
Autocuidado - Pés Quentes e Mente Fria
Agora que você exercitou a mente, é a hora de voltar ao poema:
Deita os pés na água morna
Respira, respira
Solta os pensamentos
Deixa o corpo descansar

A energia estagnada fluir
O fogo descender
Aterrar.

Receitinha de escalda-pés
Materiais:
1. Bacia ou balde em que caibam os seus dois pés confortavelmente esticados
2. Leiteira ou chaleira para ferver 1-2 litros de água
3. Um pano para colocar debaixo da bacia e não molhar o chão
4. Toalha e meias
5. Água

E só! Ervas são bem-vindas (camomila, alecrim, cravo, canela)! Mas só a água já tem bastante efeito!

PS: Não precisa de sal grosso!

Como fazer:
1. Coloque 1-2 litros de água para ferver na chaleira
2. Encha a bacia ou o balde com a água mais quente do chuveiro de preferência em uma altura que cubra 3-5 dedos acima dos maléolos (ossinhos do tornozelo) — se não cobrir, tudo bem! O mais importante é cobrir os pés!
3. Escolha um local confortável para ficar meia hora sentada com os pés no chão
4. Coloque o pano no chão e a bacia cheia em cima
5. Certifique-se de estar com uma toalha e meias ao alcance das mãos
6. Coloque os pés
7. Por meia hora, vá acrescentando a água fervida para esquentar a água até o limite que você suportar
8. Ao final: seque bem os pés e calce a meia (não pise no chão frio!)

E APROVEITE O PODER DO ESCALDA-PÉS!

MÃOS

Anita Gomes

Quanta beleza vejo...
Quanta potência sinto...

Toca, afaga, sente.
Aperta, arranha, agarra.
Escreve, cozinha, costura.
Tateia, tateia, tateia.
Toca, brinca, borda.

Diz sim, vem, te acolho.
Diz não, se afaste, pare, basta.

Arte, carinho, café, massagem, pão, reiki, cura.

Cura.

Minhas mãos.

Anita Gomes

Sou terapeuta de mulheres, mentora do Feminino e apaixonada pela beleza da Vida. Meu fazer no mundo passa por sustentar espaços para que Mulheres possam simplesmente SER, brutalmente SER, sem medo e com alegria.

A espiritualidade, o amor e o Feminino são meus combustíveis, minha inspiração e nutrição e estão presentes em tudo o que eu faço.

Eu sonho com um mundo onde o Feminino e o Masculino tenham seu lugar com respeito e parceria e, por isso, criei a Escola do Feminino, que ensina mulheres a viverem de "um jeito feminino" num mundo "masculino" — nosso grande desafio.

Eu espero que os saberes que aqui partilho contribuam para sua autonomia e consciência.

Se quiser se conectar comigo, te convido a buscar meus canais:

Site: www.anitagomes.com.br
Instagram: @anitagomes

AUTOCUIDADO ENERGÉTICO: AUTONOMIA PARA CUIDAR DOS NOSSOS CORPOS SUTIS

Passe, reiki, cura prânica, benzimento, johrei, arte mahikari, rezo, cura quântica, radiestesia, bênção do útero. Essas são algumas técnicas de cuidado energético disponíveis hoje. Muitas outras existem e outras tantas há por nascer.

Sem dúvida, você conhece algum desses nomes e, possivelmente, já recorreu a métodos como esses para se cuidar, em algum momento da vida. Talvez você até trabalhe ou já tenha trabalhado com alguma dessas técnicas.

Eu venho de família espírita e cresci sabendo da importância de cuidar da minha limpeza energética tanto quanto da minha higiene pessoal. A prática do passe magnético sempre esteve presente na minha vida, através dos centros espíritas que frequentei. E, por muitos e muitos anos foi assim, um cuidado que deleguei a alguma instituição ou pessoa.

Então, tornei-me terapeuta, comecei a cuidar de pessoas e precisei me tornar ainda mais consciente e vigilante em relação à minha própria energia, pois percebi que minha sensibilidade se estendia para além das paredes do consultório.

Era nítida a necessidade de redobrar os cuidados com meu corpo sutil. Senti que precisava assumir esse cuidado de mim mesma de maneira mais autônoma e cotidiana.

Mas, apesar de estudar sobre energias e espiritualidade desde muito menina, as orientações que sempre recebi diziam que não era seguro realizar práticas de cuidado energético em casa. Então, eu não me sentia segura para fazer esse autocuidado.

Ao mesmo tempo, sempre fui muito questionadora e nunca aceitei dogmas impostos, nem verdades rígidas. Não fazia sentido pra mim não poder me autoaplicar um passe em casa.

Demorei algum tempo para entender que, no fundo, as escolas que me ensinaram também acreditavam nesse risco e que, em cursos breves como os que fiz, não seria possível aprofundar os conhecimentos a ponto de entregar segurança para a prática fora dos domínios da casa espírita.

Após anos de estudo, encontrei meu jeito de me cuidar de forma segura, mesmo dentro de casa.

Enquanto isso, no consultório, clientes começavam a descrever sintomas e situações que iam me contando sobre uma sensibilidade energética que eu conhecia bem: cansaço desproporcional, variação de humor sem uma lógica aparente e confusão mental, quando em contato com muita gente, entre outros sinais. Com o tempo, fui sentindo a necessidade de ensiná-los a se cuidar em casa, como eu mesma passei a fazer, pra que eles não sofressem as consequências de um corpo extremamente sensível ao mundo invisível.

A quantidade de pessoas com esse perfil que apareciam no consultório foi aumentando e senti a necessidade de transformar essa orientação individual numa oficina coletiva, que chamei de Oficina de Consciência Energética.

Por três anos, ofereci esse trabalho, trazendo consciência e autonomia energética para muitas pessoas sedentas por aprender a se cuidar. E é uma alegria poder compartilhar esse conteúdo agora, neste livro, cocriado por muitas mãos femininas.

Um breve cuidado

Antes de começar, preciso dizer que trarei aqui um conteúdo breve, mas suficiente para você conseguir entender sua estrutura sutil e poder aplicar a prática que trago ao final deste capítulo. Existem conteúdos mais completos sobre muitos dos termos que trarei, mas não seria possível contemplá-los em profundidade em poucas páginas, como é a proposta deste livro.

Alguns conceitos necessários

Gosto de dizer, de forma simplificada, que somos compostos por um corpo físico, um corpo energético e um corpo espiritual. Como camadas que se sobrepõem imitando bonecas matrioskas.

- **Corpo físico:** é a parte material que conhecemos.
- **Corpo energético:** nosso corpo mais plástico, a parte que se movimenta para além da nossa matéria. Ele é composto pela quantidade de energia produzida pelo corpo físico, mas também por aquilo que sentimos e pensamos.
- **Corpo espiritual:** nosso corpo de luz, sem forma, nosso espírito/consciência.
- **Corpo sutil:** a soma do corpo energético e espiritual.

- **Campo energético:** composto pela soma de todos os nossos corpos. Algumas pessoas podem conhecer o campo energético pelo nome de aura, que é, inclusive, visível para alguns clarividentes e sensitivos.
- **Energia:** é luz, calor. Segundo a física quântica, qualquer coisa no universo é energia, em graus variados de densidade.
- **Bionergia:** é toda a energia produzida por um ser vivo, uma consciência.
- **Chakras:** são vórtices energéticos responsáveis pela nossa troca energética com o meio. Eles pertencem ao corpo sutil, mas têm sua raiz em nosso corpo físico – mais especificamente, na nossa coluna.
- **Autocuidado:** é toda e qualquer prática que tenha como propósito seu bem-estar, cuidado e atenção consigo mesma.

Portanto, autocuidado energético é toda e qualquer prática que contribua para o cuidado e a manutenção da integridade do nosso campo energético, ou corpo sutil.

Principais benefícios do autocuidado

- **Limpeza:** nosso sistema energético é autônomo. Trocamos energia com o meio o tempo todo, sem perceber. Nessas trocas, deixamo-nos afetar pela energia, pelas emoções e pelos pensamentos de outras pessoas. Deveríamos cuidar da limpeza de nosso campo energético todos os dias, assim como fazemos nossa higiene pessoal, ao tomar banho ou trocar de roupa.
- **Nutrição:** assim como nosso corpo recebe, ele também despende energia de forma autônoma, sem que a gente perceba. Muitas vezes, a quantidade de energia que precisamos para viver bem não é suficiente por conta do nosso estilo de vida, do estresse, da alimentação pobre ou do sono inadequado. Uma prática de nutrição energética pode fornecer os nutrientes sutis necessários para compensar esse desequilíbrio.

- **Autonomia:** aprender como praticar o autocuidado energético nos traz autonomia e liberdade e, assim, podemos nos responsabilizar pela manutenção da nossa própria energia, sem precisar delegar este zelo a outra pessoa, o tempo todo. Deveríamos ensinar esse autocuidado para nossas crianças, assim como ensinamos a elas como tomar banho ou escovar os dentes sozinhas.

Ganhando consciência

Conhecemos bem nosso corpo físico: temos imagens, atlas do corpo humano, muitos estudos científicos. Mas nossa anatomia sutil é um campo ainda pouco explorado por nós. Descrita por culturas antigas e por sensitivos contemporâneos, só agora, com os estudos da física quântica e da neurociência, é que essa linguagem do campo energético começa a ter um pouco mais de credibilidade e a ganhar espaço. E, assim, ciência e espiritualidade começam a caminhar juntas, em alguns sentidos.

Hoje, a neurociência faz a relação do sistema endócrino com nossas emoções, por exemplo, algo que yogues antigos já descreviam em seus estudos dos chakras e corpos sutis. Conhecemos também a relação direta entre cada chakra principal e sua respectiva glândula endócrina. E sabemos, ainda, que as doenças do corpo físico, muitas vezes, comunicam nossas emoções não digeridas.

É importante também termos consciência de que nossa composição energética é a soma do que pensamos, falamos, sentimos e consumimos – afinal, nosso campo energético é composto por nosso corpo físico, energético e espiritual.

Diante disto, quero lançar aqui uma primeira reflexão: como está a qualidade do seu campo energético?

Sugiro que pare uns minutinhos, respire e reflita:
- Qual é a qualidade do que você fala?
- Qual é a qualidade do que você pensa?
- Qual é a qualidade do que você sente?

- Qual é a qualidade do que você consome? Seja alimento, notícia, música ou imagens.

Não precisamos ser clarividentes para sabermos a qualidade do nosso campo energético, ou da nossa aura. Como você acha que está a sua?

Um sistema autônomo

Você sabe de que maneira nosso corpo sutil se comunica com outros corpos sutis? Para tocar um outro ser no corpo físico precisamos nos encostar, certo? Já nossos corpos sutis se conectam de outras formas, mesmo que a gente não saiba, ou não queira.

Para facilitar essa explicação, gosto de usar um experimento das aulas de ciências, a teoria dos vasos comunicantes, lembra?

Imagine dois vasos: vaso A e vaso B.

O vaso A tem 500 ml de água e o vaso B tem 300 ml de água.

Ao colocarmos uma mangueira interligando os dois, o vaso que tem mais líquido (vaso A) doa parte do seu conteúdo para o vaso com menos líquido (vaso B), igualando as quantidades.

Portanto, ao final do experimento, cada vaso conterá 400 ml de água.

Assim acontece também conosco, em relação ao nosso corpo sutil. Se nos encontramos com uma pessoa que está com a energia mais baixa ou mais densa que a nossa, pode acontecer de, involuntariamente, doarmos e trocarmos energia com esta pessoa. Por isso, muitas vezes nos sentimos desnutridos, desvitalizados, ou cansados sem motivo aparente.

Fontes básicas de energia vital

Primordialmente, absorvemos energia vital pelos alimentos, pelo ar (durante a respiração ou por absorção da pele), pelos chakras e também durante o sono (explico melhor adiante).

Sabendo disso, observe:

Qual a qualidade dos alimentos que você consome? Quanto mais naturais, mais energia vital terão e poderão te nutrir para além do corpo físico.

- Qual a qualidade da sua respiração? Além da qualidade do ar, como você respira? Preenchendo grande parte dos seus pulmões, ou só um pequeno espaço? Sua respiração é curta ou alongada?
- Qual a qualidade das suas emoções nos minutos antes de pegar no sono? Quando dormimos, nosso corpo sutil se projeta para fora do nosso corpo físico e nos sintonizamos com campos energéticos compatíveis com a qualidade da nossa energia, naquele momento. Portanto, é muito importante cuidarmos dos minutos antes do sono. Evite ver TV ou acessar notícias e outros conteúdos que te tragam desordem.

Quanto mais consciência da nossa anatomia sutil ganhamos, mais seremos capazes de potencializar a captação e a nutrição energética.

SUGESTÕES DE PRÁTICA

O que fazer quando eu não estiver bem?

Prática 1 - Criando um talismã

Uma forma rápida e prática de ordenar nosso campo energético é ter um talismã afetuoso e energético que podemos acessar sempre que precisarmos. Para isso:

1. Escolha uma imagem que te inspire muito amor. Pode ser uma pessoa que você ame, um animal de estimação, ou uma experiência que você tenha vivido e que seu corpo reconheça como uma experiência muito amorosa.
2. Traga essa imagem para o centro do seu peito e você poderá senti-la vibrando no seu coração. Traga também as sensações que essa imagem acorda em você.
3. Feche seus olhos e respire em conexão com essa imagem por alguns minutos.

4. Sinta seu campo energético se ordenando rapidamente. Você pode sentir isso a partir de uma sutil sensação de bem-estar, alinhamento, disposição ou relaxamento.
5. Guarde com carinho sua imagem-talismã com você e repita essa prática sempre que precisar ou quando tiver vontade.

No dia a dia: como manter a energia elevada?

Prática 2 - Nutrição energética na prática
1. Sente-se de forma confortável.
2. Imagine, pense ou sinta seu TALISMÃ pulsando no seu coração.
3. Deixe bem viva essa imagem e a sensação que ela te traz.
4. Do centro do seu peito, imagine um fio de luz descendo pela sua coluna em direção ao centro da Terra. Esse fio de luz se conecta ao magma do planeta.
5. Quando sua conexão estiver bem firme, convide essa energia a subir do centro da Terra e a entrar gentilmente pela base da sua coluna.
6. A energia sobe pela sua coluna em um movimento de espiral, passando por toda a extensão do seu corpo, até sair pelo topo da cabeça, em direção ao céu, e encontrar o sol.
7. Sinta a conexão forte que se formou entre a Terra, você e o sol. Tudo isso bem presente no seu corpo.
8. Peça que a energia do sol se derrame sobre você como um banho de luz, enquanto a Terra te sustenta e nutre.
9. Pare por alguns minutos e desfrute dessa nutrição energética. Deixe-se abastecer!
10. Quando sentir que é suficiente, respire profundamente. Bem devagar, venha recolhendo a energia. Primeiro recolha a energia conectada ao Sol até o topo da sua cabeça. Depois recolha as energias conectadas à Terra até a base da sua coluna.

11. Vagarosamente, mexa as extremidades do seu corpo e vá tomando consciência lentamente dos movimentos, até voltar.
12. Agradeça. Desfrute! Sinta o efeito da prática.

Para encerrar...

Deixo aqui algumas sugestões para refinamento da sua prática.
- Quanto mais você praticar, mais rápida e potente sua conexão se tornará.
- Saiba que trabalhar com energia é trabalhar com intenção. Simples assim. Você pede e recebe.
- Na prática 2, você pode experimentar trocar o sol pela lua e ver como se sente.
- Você também pode experimentar captar energia de outros centros de força na natureza, como as cachoeiras, o mar, as montanhas, as grandes rochas ou as árvores.
- Sempre que for se conectar com um ponto de força na natureza, na intenção de se nutrir, peça licença. É sempre bom ser gentil, quando adentramos a casa de alguém.

Desejo que essas práticas possam contribuir para seu bem-estar, com simplicidade.

Permita-se explorar seus corpos sutis e se deliciar com a conquista da sua autonomia.

BRAÇOS

Marina Mendes

Os braços são a extensão do coração.
Braços, mãos, coração.
Sentimento, afago, gratidão.
Num abraço, um suspiro.
Amor, relação.

Marina Mendes

Sou nascida em São Paulo, capital, onde passei 36 anos da minha vida e moro atualmente na França, Lyon, onde vivo desde 2018. Estou no meu terceiro casamento e sou mãe de duas. Desde muito pequena, a questão da desigualdade social sempre me inquietou. Isso me levou a realizar trabalhos voluntários desde os 17 anos de idade e me fez escolher a profissão de assistente social.

Cerca de dez anos mais tarde, depois de ter trabalhado em diversos campos sociais, em multinacionais, na ONU com refugiados e em favelas de São Paulo, frustrei-me profundamente nesta profissão e decidi, então, fazer uma transição de carreira. A única certeza que eu tinha é que queria seguir trabalhando com a transformação das pessoas.

Em 2012, tornei-me coach e depois mergulhei na pós-graduação em psicologia transpessoal. Em 2014, fui apresentada aos círculos de mulheres pela minha querida amiga Anita Gomes. Fiz a formação do TeSer e me tornei Moon Mother. Iniciei meu trabalho com o feminino oferecendo as Bênçãos Mundiais do Útero, além de círculos de mulheres com temas variados e atendendo como terapeuta transpessoal. A questão que mais investigo é a integração do feminino e masculino em cada Ser.

A forma como fui criada (machista) influenciou minha visão de mundo e também das relações. Considero-me uma mulher com energia masculina predominante, porém, desde 2014, venho trabalhando profundamente meu feminino e integrando essas polaridades em mim.

Foi na formação em psicologia transpessoal que me dei conta de que meu pai representava para mim muito mais a energia Yin e minha mãe, muito mais a energia Yang. Foi assim que percebi que as polaridades se expressam de maneiras diferentes em cada Ser e que não necessariamente uma mulher terá mais energia Yin e um homem mais Yang.

Isso depende de muitos fatores: cultura familiar, crenças e dores de cada pessoa, história de vida, valores, dentre muitos outros.

A DANÇA DO FEMININO E DO MASCULINO

Por muito tempo, carreguei uma visão bastante fragmentada, separatista e até sexista sobre o que é feminino e o que é masculino. Essa visão se refletia em diversas dimensões: desde repetir ideias aparentemente menores e sem importância, como "rosa é cor de menina, azul é cor de menino"; ou reforçar comportamentos padronizados como "menina brinca de casinha, menino brinca de lutinha" até desaguar em percepções consolidadas, já na vida adulta, de que homens são seres fortes, provedores e racionais – como se isso fosse sinônimo de masculino saudável –, enquanto mulheres são seres delicados, gentis e recatados – como se isso fosse sinônimo de feminino saudável.

Imagens como essas estão completamente impregnadas no nosso inconsciente coletivo e, numa perspectiva histórica, só mais recentemente começamos a nos questionar sobre tais rótulos e estereótipos. Por isso, gostaria de iniciar nossa conversa com um convite para ampliarmos o entendimento sobre masculino e feminino. Mais adiante, vou apresentar como as tradições do Tantra e do Taoísmo, que estudo e pratico, entendem esses dois conceitos e energias.

Nem é preciso falar o quanto a menina/mulher foi inferiorizada, nos últimos séculos, em relação ao homem e ao poder do masculino, na cultura do patriarcado. Uma das consequências disso é que, infelizmente, hoje, estamos vivendo masculino e feminino doentes. Doentes porque estão cindidos, não integrados, e ainda por cima, em competição.

Para se igualar à força e ao poder do homem, nas últimas décadas, a mulher colocou-se frente a si mesma e à sociedade tal como se porta um homem: racionalizando suas emoções, minimizando ou se desconectando completamente da sua intuição, pressionando-se a ser competitiva e a entregar resultados, sem respeitar seus próprios ritmos cíclicos e sua ciclicidade feminina.

Pouco a pouco, estamos tomando consciência de tudo isso e experimentando um novo paradigma, no qual a mulher tem se revisitado e se reconectado com sua força, seu ritmo e seu jeito próprio de fazer as coisas. Mais timidamente, esse movimento vem acontecendo também com os homens.

Começamos a nos relembrar que ser mulher é tão potente quanto ser homem e que feminino e masculino são opostos complementares. Nessa nova perspectiva, feminino e feminismo também deixam de ser vistos como movimentos antagônicos, passando a ser compreendidos e de maneira integrada.

O Tantra, de origem indiana, e o Taoísmo, de tradição chinesa, trazem ensinamentos muito valiosos a respeito do feminino e do masculino. Conhecimentos antigos, milenares e que podemos resgatar.

Através dos ensinamentos do Tantra, compreendemos que o masculino está relacionado com a energia do "pai céu" e do sol. É o dia — ativo, ligado à consciência, estável e voltado para o mundo externo. Com esses atributos, o homem, em sua energia predominantemente masculina, é considerado Deus. Já o feminino está relacionado com a energia da "mãe terra" e da lua, sendo, portanto, mutável, de fases e ritmo cíclico, receptiva, voltada para dentro. É a noite. Com essas características, a mulher, em sua energia predominantemente feminina, é considerada a Deusa. Um relacionamento acontece a partir da nossa Deusa e do nosso Deus interiores.

Os órgãos sexuais, no Tantra, são entendidos como sagrados. A vagina é nomeada *Yoni* e o pênis, *Lingam* ou *Vara de Luz*. No ato sexual, a Yoni recebe o Lingam ou Vara de Luz, que tem como objetivo penetrá-la para iluminá-la e também para se banhar em sua energia sagrada. Entram, assim, em perfeita comunhão e perfazem a alquimia sagrada do encontro entre as energias feminina e masculina. Para o Tantra, todo ato sexual é sagrado e deve ser ritualizado.

Embora estejamos falando da união entre feminino e masculino e esses termos possam, num primeiro momento, remeter às relações constituídas por um homem e uma mulher, estes conceitos se aplicam a todos os arranjos de casais. Quando se trata de um casal homossexual, por exemplo, no Tantra, recomenda-se que uma das pessoas escolha incorporar a energia do princípio feminino e a outra a energia do princípio masculino e, assim, um pode oferecer ao outro a energia oposta e complementar. Essa escolha não precisa ser estática. Quando praticam o Tantra, a cada encontro sagrado, os casais podem escolher livremente quem vai incorporar e oferecer o feminino e quem vai incorporar e oferecer o masculino, independentemente se são dois homens ou duas mulheres. O importante é que os princípios opostos e complementares estejam presentes na relação.

Já no Taoísmo, há o entendimento de que feminino e masculino são forças e energias de criação; são fenômenos da natureza e, portanto, estão presentes em tudo no universo. É justamente a união e a integração dessas polaridades que dá origem a tudo o que tem vida e é também o que gera harmonia universal. Os Taoístas entendiam o universo como um campo unificado, em constante movimento e mutação, enquanto mantinha sua unidade.

Os antigos chineses deduziram, portanto, que tudo no universo tem duas polaridades: uma denominada Yin, que poderíamos considerar o pólo negativo, ou feminino, e outra denominada Yang, que seria o pólo positivo, ou masculino. Positivo e negativo, aqui, não têm conotação de bom ou ruim. São apenas polaridades – como a atividade e o repouso, a ação e a recepção. Ambos os princípios, Yin e Yang, feminino e masculino, são considerados de igual valor e, juntos, formam o Ki, Chi ou Qi, a fonte de energia da vida

O Yin não existe sem o Yang e vice-versa. São interdependentes. Relacionam-se mutuamente e se complementam. Dentro do Yin e do Yang está incluída a sua parte oposta e complementar, como pode ser observado na imagem:

Podemos, então, compreender que homens e mulheres possuem ambas as energias em si: tanto Yin, como Yang. O que ocorre muitas vezes é que estas polaridades ou princípios estão em desequilíbrio dentro de nós.

A interação desequilibrada destas energias existe quando uma das polaridades se sobrepõe à outra, gerando desarmonia, fragmentação e ausência de vida. Alguém com excesso de Yang, por exemplo, poderá ficar agitado, agressivo, ansioso, explosivo. Alguém com excesso de Yin, porém, poderá experimentar estados de desânimo, depressão, falta de energia e cansaço excessivo.

Nas sociedades patriarcais, somos estimuladas a viver sempre para fora, a manter uma autoimagem para os outros, a agradar para sermos aceitas. Só somos valorizadas quando entregamos os resultados esperados. É a cultura do fazer contínuo. A cultura do Yang exacerbado.

Nessa cultura, quase não temos tempo para cultivar nosso Yin. Não temos espaços de vazio, de silêncio, de simplesmente contemplar, de nada fazer. E, de tanto que estamos habituadas – e até viciadas – em fazer, quando sobra algum tempo de silêncio e de vazio, logo procuramos preenchê-lo. Sequer nos damos conta de que precisamos de pausa.

O desequilíbrio entre Yin e Yang é o primeiro passo para os muitos conflitos de relacionamento que experimentamos conosco e depois com os outros. Para estarmos em harmonia em uma relação, é preciso, primeiramente, estar em harmonia consigo mesma.

A seguir, proponho uma vivência transpessoal que pode nos ajudar a compreender como estão o nosso feminino e masculino internos e, depois, como está acontecendo a relação entre eles. Assim, podemos trazer à consciência as partes desta dinâmica que estamos reproduzindo fora de nós. Afinal, o que experimentamos externamente é apenas um espelho do que acontece, de alguma forma, dentro da gente.

Vamos, então, observar nossas energias interiores e aprender a harmonizá-las?

SUGESTÃO DE PRÁTICA

Parte 1 – (Re)conhecendo feminino e masculino interiores

Materiais

Para esta prática tenha em mãos:
- Lápis
- Três folhas de papel em branco
- Algo para colorir (giz de cera ou lápis de cor, por exemplo)

Clima

Procure vestir-se confortavelmente.

Se a música lhe ajudar a se conectar consigo mesma, aproveite este recurso para entrar em contato com seu feminino e seu masculino. Se quiser, você pode acessar aqui uma playlist que preparei especialmente para combinar com este tema.

Tempo de duração

Reserve cerca de 30 a 40 minutos para fazer os exercícios com tranquilidade.

Instruções

Procure um espaço com privacidade para que você não seja interrompida durante a prática.

Sente-se numa posição agradável e tome três respirações profundas. Sinta o peso do seu corpo no chão, no sofá ou em qualquer lugar onde você esteja sentada. Perceba sua coluna ereta, como se tivesse um fiozinho que te liga com o céu. Perceba também suas raízes, que te ligam com a terra.

Primeiramente, vamos trabalhar a **energia feminina**.

No silêncio, ou com a música que escolheu, conecte-se consigo mesma e sinta que partes do seu corpo pulsam essa energia. Leve sua atenção para este local (ou estes locais). Perceba suas formas, cores, área(s) do corpo a que está(ão) relacionada(s). Entre em contato com as emoções que estão presentes aí. Tome o tempo que precisar.

Sinta se há algum movimento que seu corpo, espontaneamente, queira fazer. Observe. Se for o caso, faça o movimento.

Amplie um pouco mais sua consciência e perceba que características estão relacionadas com seu feminino – cores, formas, imagens, palavras e frases que, eventualmente, surjam.

Agora tome um tempo para se conectar com o feminino de sua mãe (ou figura de referência materna). Perceba se reconhece heranças do feminino dela em você. Se sim, quais são?

Tome também um tempo para se conectar com o feminino do seu pai (ou figura de referência paterna). Perceba se reconhece heranças do feminino dele em você e, se sim, quais são.

Quando se sentir pronta, abra os olhos e expresse livremente, numa folha de papel, o seu feminino. Faça da maneira como lhe vier – desenhos, palavras, formas abstratas... -- e, então, dê um nome para sua expressão.

Agora, siga exatamente o mesmo passo a passo para conectar-se com a sua **energia masculina.** Ao final, expresse suas sensações na segunda folha de papel que você separou e dê também um nome para a expressão da sua energia masculina.

Coloque, então, à sua frente, as folhas de papel com a sua expressão feminina e a sua expressão masculina, cada uma de um lado, com espaço suficiente para você se mover entre elas.

Parte 2 – Diálogo dos opostos (feminino e masculino)

Este é um exercício transpessoal, então é muito importante que você mova o seu corpo nesta etapa do exercício.

Você está sentada entre as duas folhas de papel nas quais você registrou as suas duas expressões: feminino e masculino. Deixe a terceira folha próxima de você. Você irá usá-la mais para escrever um diálogo.

É importante que você seja agora, integralmente, o seu masculino e o seu feminino.

Sinta, então, qual das duas energias quer começar esse diálogo. Ao percebê-lo, sente-se à frente da folha que representa essa energia. Deixe-a falar e, então, escreva sua fala. Quando a outra polaridade quiser falar, mova-se para lá, sentando-se à frente desta outra folha, e sinta seu desejo de fala. Escreva. Você pode repetir essa dinâmica sucessivamente, até sentir que o diálogo terminou. Não esqueça de mover seu corpo e de sentir integralmente o campo do seu feminino e do seu masculino a cada vez que cada uma dessas polaridades tiver seu momento de fala.

Ao terminar o diálogo, dê um título para ele.

Por fim, escreva "qual a moral da história" e qual foi seu aprendizado com esta atividade.

Este é um exercício de autoconhecimento que pode ser repetido de tempos em tempos e é muito interessante verificar como essas imagens internas mudam a partir da ampliação da nossa consciência.

OBS: Se você quiser fazer este exercício com seu parceiro ou sua parceira, convide esta pessoa a fazê-lo, primeiramente, a sós. Depois, vocês podem trocar entre si, desta vez observando os aspectos das dinâmicas internas do feminino e do masculino de vocês. Reflitam de que forma isso se expressa no dia a dia da relação, nas divergências e nas convergências entre vocês? Vejam o que pode ser mudado, se for o caso, e que novos acordos podem ser feitos para que a relação seja mais harmoniosa e prazerosa para ambos.

Eu desejo que essa prática lhe ajude no caminho de integração do seu feminino e masculino internos, trazendo mais equilíbrio e harmonia para você e todas as suas relações.

Com carinho, Marina Mendes.

NARIZ

Maria Soledad Domec

Que llueva, Que llueva
La vieja está en la cueva
Los pajaritos cantan
La vieja se levanta
Que sí, que no
Que caiga el chaparrón!

Cantos da infância no Chile nos dias de chuva

Sou Soledad, psicóloga, mãe, avó e, há 20 anos, o universo do feminino, com suas cores, diversidade e intensidade entrou na minha vida e a revolucionou. Completamente. Há 20 anos, sento-me em círculos com mulheres, no Brasil e em muitos lugares do mundo, para trocar, aprender e ensinar. Quando tudo começou, tinha 35 anos e vinha de uma educação fortemente orientada à igualdade. Essa ideia muitas vezes me impediu de ver e explorar as diferenças como mulher. Afinal, as diferenças podiam ser assustadoras. Nosso mundo patriarcal hierarquiza as diferenças em superior e inferior. E, por séculos, tudo que se relaciona à mulher tem estado na categoria inferior.

Negar o feminino, abraçar as formas masculinas, chamar isso de igualdade, era muito mais seguro. E foi o que fiz por muito tempo, sem perceber. Até o momento do encontro com essa parte de mim que o patriarcado tinha afastado e que me completou. Parte que fui encontrar aprendendo com outras mulheres, estudando e pesquisando culturas tradicionais e ancestrais, viajando muito. O reconhecimento do feminino me trouxe alegria, segurança e, finalmente, o sentimento de estar em mim.

Facilitando cursos, formações e círculos há 20 anos, vejo que isto também acontece com a maioria das mulheres que se aproxima. Uma explosão de felicidade, um êxtase se revela, uma segurança, uma apropriação de si mesma e do corpo. Porque sim, as diferenças começam no corpo. Na dança louca dos nossos hormônios, na nossa fisiologia para o erotismo e a maternidade. Maravilhas que o patriarcado transformou em dor.

Este corpo que nos foi tirado, ocultado, coberto, de formas violentas inclusive, demonizado e ultimamente objetificado, a serviço do fetiche masculino e do lucro das empresas de marketing, pornografia, cosmética, a indústria das plásticas etc. Nunca genuinamente para nós.

O grande marco da apropriação violenta do corpo da mulher acontece com a Inquisição, na figura da bruxa. A Inquisição marca a cristalização do patriarcado no Ocidente. Até então, a mulher ainda tinha um lugar de honra e certa liberdade como curandeira e parteira. A Deusa ainda sobrevivia de alguma forma na Idade Média por ser uma época de economia rural, onde ainda se mantinham formas comunitárias de cultivo da terra, sempre associada ao poder e à fertilidade da mulher. Mas uma nova era estava para começar, na qual a terra seria completamente saqueada, invadida, submetida, assim como a mulher. A Inquisição foi um preparo para esta nova era e seu maior alvo, a mulher. Aqui, vamos conhecer essa mulher perseguida, a bruxa, a partir de outras perspectivas e vamos ressignificar seus símbolos, que na verdade são de poder.

Instagram: @teserjuntas
YouTube: Teser Juntas Feminino Consciente
Blog/site: www.teserjuntas.com

BRUXAS DE ONTEM E DE HOJE

Muitas são as bruxas que chegaram até nós, mas sobretudo aquelas dos contos da nossa infância, malvadas e assustadoras. Velhas, feias, com seus grandes narizes, nada recatados, e seus caldeirões, realizando feitiços, prontas para nos devorar. Aquelas que não devíamos ser, a mulher na qual nunca deveríamos nos tornar, com o risco de sermos rejeitadas e ficarmos sós para sempre. Leia-se: solteiras para sempre. E nós éramos feitas para o casamento e a reprodução. A mulher solteira era, e ainda é, vista em muitos lugares como o pior destino de uma mulher.

A psicologia, através de várias estudiosas e autoras, ajudou-nos a entender que a bruxa é um aspecto fundamental do nosso inconsciente, uma grande força, que nos liberta da necessidade de agradar e de ser sempre boazinhas. Em contraposição às fadas, sempre doces e generosas, dos contos. A bruxa nos permite transitar pelos mistérios da vida e da morte, portas para o nosso amadurecimento total. Nos contos de fadas, o encontro com elas marca, na maioria das vezes, um momento de crescimento, de iniciação em uma nova etapa da vida – como no conto de Branca de Neve, no qual a bruxa entrega a maçã vermelha, o sangue menstrual, à Branca de Neve, que a leva à morte do seu corpo de criança e ao nascimento do seu corpo de mulher, pronta para viver sua sexualidade plena. Os contos originais tinham menos marshmallow e mais ensinamentos sobre a vida, com palavras mais cruas também. Com a pasteurização que sofreram, nem sempre ficam evidentes estes ensinamentos para os diferentes estágios da vida, como menstruação, casamento, maternidade, morte, guerras, doenças.

As bruxas históricas, queimadas pela Inquisição, são muito mais sofridas. São mulheres de todas as idades, que foram perseguidas, torturadas, acusadas de serem hereges, de atuarem como curandeiras e de dançarem com o diabo. Eram judias, negras no continente americano que incitavam à rebelião ou que mantinham seus ritos trazidos da África. Eram as mulheres bonitas, as mulheres que falavam alto, as que desobedeciam aos maridos. Eram as mulheres que cultuavam as antigas deusas e dançavam nuas nas florestas. Eram as mulheres detentoras de algum conhecimento ou poder nas suas aldeias ou cidades que ameaçava a nova ordem a ser instaurada. Ordem na qual o patriarcado se fortaleceu ainda mais e a figura da mulher foi empurrada a um lugar de total submissão e anulação, devendo servir apenas à reprodução e ao cuidado dos filhos e do marido. Como se opor diante da ameaça de tal poder, que torturava e queimava corpos de mulher? Não havia mais resistência possível. Na nova ordem, os homens passaram a ter o total controle da religião, da medicina, da política, dos corpos, dos filhos e da produção, como a filósofa e escritora italiana Silvia Federici expõe tão claramente no seu livro "O Calibã e a Bruxa".

Esta é uma ferida que ainda nos assombra, o medo ficou nos nossos ossos e dificulta nosso sentido de segurança, merecimento, autonomia, mas, mesmo assim, temos conseguido nos erguer, individual e coletivamente, para dançar em cima dessas cinzas e retomar nosso poder pessoal.

"Somos as netas das bruxas que vocês não conseguiram queimar", como diz a frase encontrada em muitos muros do mundo, como sinal de resistência feminina.

A psiquiatra e analista junguiana americana Jean Shinoda Bolen, pioneira em pesquisar e escrever sobre uma psique feminina, ressignifica as bruxas e as traz de volta para a mulher madura, como uma fonte de inspiração, em seu livro "As bruxas não se queixam", cujos 13 atributos falam da mulher sábia, que conquistou sua autonomia.

São eles:

1. Não se queixam
2. São atrevidas
3. Têm mão para as plantas
4. Confiam na intuição
5. Meditam à sua maneira
6. Defendem o que lhes importa
7. Decidem seu caminho com o coração
8. Dizem a verdade com compaixão
9. Ouvem seu corpo
10. Improvisam, fluem com a vida
11. Não fazem nada com a finalidade de serem aceitas
12. Riem juntas
13. Saboreiam o positivo da vida

A escritora britânica Miranda Gray, no livro "Lua Vermelha", também fala da bruxa como o arquétipo da mulher madura, plenamente conectada consigo mesma. Ele corresponde à lua nova, à fase menstrual, dentre os arquétipos que representam os quatro ciclos lunares da mulher.

Na lua nova, a energia se interioriza e a mulher se volta para si mesma. Fica mais selvagem, visceral, com menos necessidade de agradar aos outros e à sociedade. É o momento de revisão, morte e renascimento. Esta fase menstrual relaciona-se à quarta etapa da vida da mulher, após a menopausa completa.

Por que as bruxas ainda hoje assustam?

Porque a mulher plena, poderosa, ainda é uma ameaça à ordem patriarcal. Ela é conectada com as forças de vida, ela é a mãe que gera as futuras gerações, ela pensa coletivamente mais do que individualmente, ela é mais doadora do que concentradora (seja de bens ou conhecimentos), ela é menos dada a competir, ela coloca a pausa, a espera, a diversidade e o prazer em pauta. Ela é o oposto à cultura da dor e da austeridade e à lógica da produtividade desenfreada e da destruição da vida.

Ressignificando os símbolos da bruxa

A bruxa foi representada como feia e nojenta. Seu corpo é território de escárnio e rejeição. Suas roupas e instrumentos são do "mal". Essa realidade não está tão longe, ainda hoje querem dominar nossos corpos, através de novas armas, com o julgamento, a piada, a moda. Ser velha, ser muito gorda, ser muito magra, ser fora de padrão ainda é colocado socialmente no lugar do feio e do sujo. Vamos fazer nossa revolução. Vamos entender esses símbolos e sua força.

A bruxa é velha e feia, sim! Velha e feia, são as ofensas preferidas para serem dirigidas às mulheres. Tem toda uma indústria que cresce e vende qualquer produto para nos fazer belas e jovens. Velha e feia, a dupla mais temida nesta cultura insana. Beleza que sempre é aquela oficial, aquela que está nas mídias, aquela mais próxima dos padrões europeus: loiras, olhos claros, traços delicados, altas e magras. Quantas dietas, plásticas, procedimentos, investimentos para alcançar este padrão... A velhice então é quase um pecado, proibida para nós. Mesmo com 50 devemos parecer 35. Nenhuma ruga — ao custo de um rosto inexpressivo. Por isso, estes são símbolos poderosos da bruxa. E via de libertação. Ela é feia, ela não está dentro de nenhum padrão, ela está livre da opinião alheia. Não é um objeto de consumo e não negocia para agradar. Ela pode ter qualquer idade e qualquer rosto. Não está apegada a sua imagem, nem vive de likes. Ela é o que precisa e o que quer ser a cada instante. Ela pode ser velha, com orgulho, mostrar que teve sabedoria para avançar através dos anos. Hoje nossas ruas estão cheias destas bruxas, com seus cabelos brancos, ou coloridos, com seus corpos fora de padrão e suas fotos estampadas nas mídias, desafiando o status quo, livres da prisão de serem belas e jovens eternamente.

Seu nariz é grande, proeminente, sim! O nariz, tão ligado ao instinto, que fareja, cheira o perigo, assim como o perfume da vida. O nariz não nos deixa enganar pela superfície do que vemos ou do que nos dizem. Muitas mulheres reconhecem seu parceiro pelo cheiro. Quando não têm, ou perdem a afinidade com seu cheiro, sabem que qualquer relacionamento íntimo, afetivo, com ele, é impossível. O nariz também é um símbolo de poder, fálico, por isso as mulheres com grandes narizes, ao longo dos tempos, eram consideradas fora do padrão de beleza. Não cabiam no arquétipo de delicadeza e doçura tão almejado. Cleópatra, mulher poderosa, faraona, tinha um grande nariz. Este padrão nas últimas décadas tem mudado, graças ao movimento subterrâneo de milhares de mulheres ao redor do mundo que o têm subvertido.

Seus cabelos são longos e desgrenhados, sim! Cabelos são uma das expressões da mulher selvagem. Cabelos soltos, livres, ao contrário dos cabelos meticulosamente penteados, amarrados em rabos de cavalo ou presos em coques para que desapareçam — e, junto com eles, todo e qualquer traço do feminino. Vê-se muito comumente essa imagem em mulheres que trabalham em escritórios com muitos homens. Uma das primeiras coisas que fazem para encobrir o feminino é prender o cabelo e vestir tailleur preto ou cinza. O mesmo se faz no fundamentalismo islâmico, que determina cobrir os cabelos com um véu, e na ortodoxia judia, em que os cabelos são cortados completamente, ficando a cabeça coberta por perucas. Não é interessante que as empresas e as religiões fundamentalistas temam tanto os cabelos soltos das mulheres?

A bruxa é a madrasta malvada que ousa olhar-se no espelho, ou seja, atreve-se a se ver, refletir sobre si mesma, reconhecer-se e ser uma individualidade. Quantas mulheres têm uma vida mecânica, apenas reproduzindo o que aprenderam, sem se conhecer em suas forças e vulnerabilidades, sem saber quem realmente são, vendo-se unicamente pelo olhar dos outros? Quanto sofrimento existe nessa vida?

Um reflexo desse medo é a quantidade de casas que não têm um espelho de corpo inteiro, muitas vezes considerado desnecessário, perigoso, uma vaidade. Assim como a madrasta malvada, acusada de vaidosa, mas que, ao se conhecer, ao existir, tem a força para empurrar a menina, a Branca de Neve, ao amadurecimento. Ela deixa de ser a mãe que prende a filha a seu lado, a seu sonho e à sua projeção, e a deixa entrar na floresta sozinha, onde vai adquirir autonomia e de onde sairá mulher após comer a maçã, símbolo da menarca e do início da vida sexual.

Uma bruxa tem seu caldeirão — nosso útero, centro alquímico, onde a vida é gestada. E não somente a vida de um filho, mas nossa saúde e nossa vitalidade. Este centro é vital nas medicinas tradicionais. É o centro de união, que garante a vida longa, pois ali se reúnem yin e yang, corpo e espírito, céu e terra. Um lugar do qual nos desconectamos, vivendo na cabeça, nos sonhos, nos pensamentos e nas preocupações.

No caldeirão de uma bruxa, preparam-se feitiços com ervas. Sim, ela conhece a terra, respeita sua medicina, está em contato com a vida e a magia dos alimentos. Este é um dos lugares sagrados da mulher. Um lugar desvalorizado justamente por ser um dos seus espaços de poder. O patriarcado transformou todos os espaços da mulher em lugares de pouco valor.

Nesse caldeirão, também encontramos ingredientes estranhos e nojentos: asas de morcego, línguas de sapo, olhos de lagartixa. Porque a vida não são somente flores; existe o belo e o feio, o que gostamos e o que não gostamos, o prazer e a dor, a generosidade e o egoísmo. A bruxa mexe e remexe os ingredientes no seu caldeirão, dá um jeito de ir integrando tudo e de criar, assim, a sua poção, a sua medicina. Aliás, não é isso o que uma terapeuta faz, ao "ensinar" sua cliente como unir os pedaços de sua vida, compondo assim, a sua integridade? Um belo aprendizado sobre sua própria alquimia...

Sim, a mulher-bruxa mexe e remexe seu caldeirão, sem parar. Caldeirão que, como dito, está associado ao nosso útero, ou seja, ao baixo ventre, e às nossas "bacias", que movimentamos constantemente quando caminhamos ou dançamos. Mas que, muitas vezes, tememos mexer, em função das marcas deixadas pelo passado de demonização da mulher. E, então, paralisamos nossos quadris, paralisando, com isso, também as nossas vidas. A energia fica estagnada, as cólicas menstruais tornam-se mais fortes e as doenças como endometriose e miomas podem aparecer, além dos bloqueios sexuais.

O fogo do caldeirão é sagrado, mantém nosso útero aquecido para que fique vivo. Um grande mal do qual sofre a mulher ocidental é se sentir obrigada, assim como os homens, a viver nas extremidades — na cabeça, no fazer, fora do seu centro, fora do sentir e do gestar. E, assim, o útero fica frio, a libido em baixa, dependendo de um parceiro ou parceira, ou de uma fantasia para aquecê-la... A bruxa mantém por si mesma seu fogo sexual e, por isso, também seu animal é o gato, misterioso, independente e sensual.

A mulher-bruxa vive na caverna, sim! Como todos os ermitões, sadus, santos e sábios. A caverna que, arquetipicamente, significa recolhimento, volta a si mesma e, nas tradições espirituais, renunciar ao mundo, desapegar-se para ficar preenchida da presença do essencial, de si mesma e do divino. A caverna é um signo de realização e de autonomia. Não significa necessariamente viver só, mas saber estar só, transformar a solidão em autorrealização. Nos contos, vemos que a mulher-bruxa mora só, no meio da floresta, perto da vida, da mãe Terra, o grande útero que gera todos os seres. A terra que, assim como a mulher, tem sido explorada, invadida, desrespeitada. A terra interna e externa que devemos preservar porque dela vem a nutrição.

A mulher-bruxa tem um chapéu pontudo, assim como os bispos, reis e rainhas. Assim como Horus, Ísis e todas as autoridades espirituais, que usam sobre a cabeça — no chakra da coroa — um chapéu que aponta para o céu, captando sua energia a ser trazida para a terra, energética ou simbolicamente. São como pontes, mulheres de poder e sabedoria.

A mulher-bruxa se reúne com outras bruxas e, juntas, dançam na floresta. Nuas! Como não dançar? A vida é uma dança e a nudez é o maior símbolo do desnudamento do ego, do desapego das imagens, da liberdade de ser.

Ela ri. E como ri! Não está mais presa às ilusões do mundo. Entende o jogo da vida. Sabe da impermanência de tudo: dores, amores, posses e perdas. Ela ri porque sabe que tudo passa. E tudo é um grande Lilah!

E claro que ela voa! Livremente...

E você, quer voar?

SUGESTÕES DE PRÁTICA

> *Tradicionalmente, os arquétipos femininos conseguem seu poder através de outras pessoas. Pense em coisas como 'a mãe', 'a rainha', 'a filha'. Todos estes são arquétipos 'adoráveis' para as mulheres, mas eles obtêm seu poder a partir das relações com outras pessoas. Enquanto isso, 'a bruxa' obtém poder dela mesma.*
>
> Kristin Sollee, escritora, curadora e educadora que explora as interseções entre arte, gênero e o oculto, em entrevista ao site norte-americano HuffPost

Convido você, agora, a exercitar sua bruxa, percebendo o poder que tem em si mesma, através das vivências abaixo. As práticas podem ser feitas por você, sozinha, ou em grupo.

Estas, como as demais vivências trazidas no livro, foram escolhidas por devolver o contato direto com seu corpo, para você mesma, e não para o outro. Por libertá-lo de forma prazerosa e delicada. Você pode realizar uma delas, ou todas. Como você sentir. Se você facilita grupos, pode dedicar um período do dia para realizar com seu círculo as três práticas juntas. Para realizá-las, basta seguir as orientações abaixo:

Prática 1

Escolha uma música que te inspire a se movimentar e, então, dance com seus olhos fechados ou semi-abertos e seus cabelos soltos. Não se preocupe com coreografias, apenas com o prazer do movimento, com as emoções intensas da música. Experimente movimentos de cabeça bem livres, deixe seus cabelos serem uma extensão do corpo e da dança. Se for possível, dance na natureza. Mais ainda, se for possível, em casa ou na natureza, dance sem roupa. Tenha a experiência de sentir o corpo se movimentando no espaço, sendo acariciado pelo ar, pelo vento, pelo sol, sem nada que o aperte e prenda.

Esta prática libera tensões do seu corpo, medos, bloqueios, ampliando seu sentido de liberdade e permissão para ocupar e ampliar seu espaço, além de liberar endorfinas que trazem a sensação de bem estar.

Se quiser sugestões de música, preparamos aqui uma playlist para você [músicas sugeridas na playlist QR Code]

Prática 2

Faça seu óleo de corpo. A base pode ser um óleo de semente de uva, de gergelim ou de amêndoas. É interessante acrescentar a esta base algumas gotas de óleo essencial, como lavanda, gerânio ou ylang ylang. Escolha de acordo com sua intuição, com os olhos fechados, ou ainda pelo aroma, sem saber o nome, nem as propriedades. Fazer nosso próprio cosmético nos traz de volta autonomia e nos põe em contato com o campo das mulheres alquímicas. O preparo pode ser feito em casa, de forma ritualizada, você estando sozinha ou em grupo. Coloque o óleo pronto em um vasilhame colorido, com a cor que sente que precisa. Você pode ainda escrever neste vasilhame, com uma caneta dourada, uma palavra: "juventude", "bem-estar", "saúde", "sedução"... E, então, pelo menos por sete dias, passe este óleo no corpo nu. Não de forma acelerada, mas lentamente, sentindo o contato da mão e do óleo com a pele. Acariciando-se, amando cada centímetro do seu corpo. Repouse por pelo menos cinco minutos após a massagem. Depois pode tomar seu banho, para tirar o excesso de óleo da pele. Se o banheiro estiver à luz de velas e aquecido, a experiência pode ser ainda mais poderosa, recriando a caverna da bruxa.

Esta prática, além de hidratar profundamente sua pele, cria intimidade consigo mesma, serena, eleva sua autoestima, seu sentido de segurança, seu autoerotismo e desenvolve seu toque. Apenas evite realizá-la perto do horário das refeições ou se estiver com alguma questão de saúde que vá exigir energia de restauração do seu corpo. Deixe que ele se restabeleça primeiro e, então, experimente essa gostosa forma de nutrição através da pele.

Prática 3

Sozinha, sem medo de ser interrompida, sente-se diante do espelho e se olhe, sem julgamentos. Olhe seu rosto e percorra os detalhes do seu corpo como uma carícia. Mude de poses, faça caras e bocas, se quiser, até estar preenchida de si. Após este momento de intimidade, espreguice-se no chão, como um gato. Com movimentos lentos e prazerosos, busque espreguiçar de formas diferentes todo o seu corpo, por aproximadamente cinco a dez minutos. Recomendamos para isso um bom tapete e espaço. Se você tem pouco contato com os felinos, busque alguns vídeos para se inspirar.

Depois de ter se espreguiçado, volte a se olhar no espelho e a percorrer o seu corpo. O que mudou?

Se esta atividade for feita em um grupo, uma mulher pode ser o espelho da outra. Para isso, sentam-se em duplas e, antes de começar, olham-se, conhecendo-se visualmente. Depois, iniciam o espreguiçar o grupo todo ou metade do grupo, dependendo do tamanho do espaço. Na segunda opção, uma da dupla se espreguiça e a outra espera sua vez. Terminado o espreguiçar, uma conta para a outra as mudanças positivas que percebeu na sua dupla. Se o grupo foi dividido em dois, faz-se o feedback logo após o espreguiçar de uma e se repete depois que a outra espreguiça.

Se enfatiza em falar de mudanças positivas, pois podem haver algumas participantes fortemente conectadas com o julgamento e a crítica, o que não cabe nesta prática.

Esta prática, ao ser realizada lentamente, reduz a ansiedade, a agitação mental, conecta com o prazer, libera tensões profundas, aumenta a sensibilidade e a escuta do próprio corpo, libera endorfinas, estimula a sensualidade e o erotismo. A pele, os músculos e os tendões são nutridos e alongados.

Prática 4

Faça um quadro (pode ser virtual, mas preferencialmente físico), com mulheres de sua faixa etária que você acha belas, interessantes, com diversidade de pesos, tamanhos, alturas e tipos de cabelos. Busque mulheres que parecem ter a idade que têm, com nenhum ou pouco procedimento cirúrgico. Ou seja, rompa com o padrão social. Busque mulheres diferentes, recorte e cole no seu quadro. Assim, você estará reeducando seu olhar para ampliar sua percepção da beleza e fazê-la mais real, limpando a programação de anos vendo revistas, filmes, acompanhando imagens que criaram um padrão. Este quadro pode lhe dar novos referenciais, escolhidos por você.

CURADORIA AFETIVA DE APRENDIZADOS E DELEITES

Abaixo, apresentamos nossa curadoria de livros, textos, filmes, áudios, séries e vídeos que podem apoiar seu mergulho nos temas do feminino. Ela é fruto das pesquisas e estudos das facilitadoras que participaram do Festival TeSer da Primavera 2020 (4a edição), que inspirou este livro, e poderão ancorar suas próprias pesquisas e descobertas nessa jornada de autoconhecimento.

A lista foi organizada por Cláudia Araújo, uma das coautoras deste livro, a partir das contribuições de toda a equipe do festival.

O grupo preparou também listas de músicas que podem servir de trilha sonora para algumas das práticas propostas nesta coletânea -- ou simplesmente para ouvir quando quiser relaxar.

Desejamos que desfrute!

Curadoria de livros, textos, filmes, séries, áudios e vídeos

MULHER CÍCLICA
Livros:
- A ciranda das mulheres sábias, de Clarissa P. Estés. Editora Rocco
- Lua Vermelha, de Miranda Gray. Editora Pensamento
- Carta a minha filha, de Maya Angelou. Editora Lua de Papel
- Os mistérios da mulher, de M. Esther Harding. Editora Paulus
- Tenda vermelha, de Anita Diamant. Editora Verus
- Mulheres que correm com os lobos, de Clarissa P. Estes. Editora Rocco

Filmes:
- Shirley Valentine
- The Wine of Summer
- Julieta
- Entre vinho e vinagre
- Gente que vai e volta
- Bem vindo aos 40
- Bless me
- Outlander (Série Nteflix)
- Luna Nera (Série Netflix)
- Absorvendo o Tabu
- Tenda vermelha

Vídeos:
- Invenção de uma bela velhice, por Mirian Goldenberg - Disponível no Youtube

Podcast:
- Imperfeitas, por Micaela Neiva e colaboradoras - Disponível no Spotify

AUTOESTIMA
Livros:
- Ame seu corpo, de Louise L. Hay. Editora Madras
- Ame a realidade, de Byron Katie. Editora Best Seller

- Necesito tu amor, es verdad? Cómo dejar de buscar amor, aprobación y reconocimiento, de Byron Katie (eBook Kindle). Editorial Faro
- A tecelã, de Barbara Black Koltuv. Editora Cultrix
- A coruja era filha do padeiro, de Marion Woodman. Editora Cultrix A feminilidade consciente: entrevistas com Marion Woodman. Editora Paulus O mito da beleza, de Naomi Wolf. Editora Rosa dos Tempos
- O legado da deusa: ritos de passagem para mulheres, de Mirella Faur. Editora Rosa dos Tempos

Filmes:
- Embrace
- Tomates verdes fritos
- Sexy por acidente
- Sem filtro
- Dumplin
- A vida e história de Madame C. J. Walker
- The call to courage
- Felicidade por um fio

FEMININO CONSCIENTE
Livros:
- A feminilidade consciente, de Marion Woodman. Editora Paulus A mulher moderna em busca da alma, de June Singer. Editora Paulus A virgem grávida: um processo de transformação psicológica, de Marion Woodman. Editora Paulus
- She: a chave do entendimento da Psicologia Feminina, de Robert A. Johnson. Editora Mercuryo
- Animus e Anima, de Emma Jung. Editora Cultrix
- Círculos sagrados para mulheres contemporâneas, de Mirella Faur. Editora Pensamento
- Mulheres, mitos e deusas: o feminino através dos tempos, de Martha Robles. Editora Goya
- O anel do poder: a criança abandonada, o pai autoritário e o feminino subjugado, de Jean S. Bolen. Editora Cultrix
- O caminho de Avalon, de Jean S. Bolen. Editora Record

- O legado da deusa: ritos de passagem para mulheres, de Mirella Faur. Editora Rosa dos Tempos
- Retorno da deusa, de Edward C. Whitmont. Editora Summus
- Minha história das mulheres, de Michelle Perrot. Editora Contexto As deusas e a mulher, de Jean S. Bolen. Editora Paulus

Mãe de si mesma
Livros:
- Libertem a mulher forte: o amor da mãe abençoada pela alma selvagem, de Clarissa P. Estes. Editora Rocco
- A deusa interior: um guia sobre os eternos mitos femininos que moldam nossas vidas, de Jennifer B. Woolger e Robert J. Woolger. Editora Cultrix
- A grande mãe: um estudo fenomenológico da constituição feminina, de Erich Neuman. Editora Cultrix

Filmes:
- O clube da felicidade e da sorte
- Julieta, de Almodóvar
- A viagem de Chihro
- Anne with an E (série da Netflix)
- Minha mãe é uma sereia
- Lembranças de Hollywood

Podcasts:
- Na morada, por Tatiana Vasconcellos e Laura Cassano - Disponível no Spotify

Mulher Selvagem
Livros:
- Práticas bioxamânicas: despertar das capacidades interiores, organizado por Samuel S. Paula. Editora Alfabeto
- Dançando o sonho: os setes caminhos sagrados da transformação humana, de Jamie Sams. Editora Rocco
- O cavaleiro preso na armadura: uma fábula para quem busca a trilha da verdade, de Robert Fisher. Editora Record
- A mulher no corpo de xamã: o feminino na religião e na medicina, de Bárbara Tedlock. Editora Rocco

- Mulheres que correm com os lobos, de Clarissa P. Estes. Editora Rocco A Travessia das Feiticeiras, Taisha Abelar. Editora Nova Era
- Círculo de Xamãs, Olga Kharitidi. Editora Rocco

Vídeos:
- A terra é uma mulher e meu útero o universo (TED), por Mônica G. Rocha - Disponível em ted.com
- Puro amor con la abuela Margarita - Disponível no Youtube
- Maria Sabina, Mulher Espírito - Disponível no Youtube

SAÚDE E BEM-ESTAR
Livros:
- Manual de introdução à ginecologia natural, de Pabla Pérez San Martin. Editora Ginecosofía
- Sabedoria chinesa para a saúde da mulher, de Xiaolan Zhao. Editora Nova Era Medicina Ayurvédica para a mulher: ginecologia natural, de Atreya. Editora Pensamento
- Constelações familiares e o caminho da cura: a abordagem da doença sob a perspectiva de uma medicina integral, de Hausner Stephan. Editora Cultrix
- A doença como linguagem da alma: os sintomas como oportunidades de desenvolvimento, de Rûdiger Dahlke. Editora Cultrix
- Domínio do Yin: da fertilidade à maternidade, a mulher e suas fases na Medicina Tradicional Chinesa, de Helena Campiglia. Editora Ícone

Podcast:
Universo Pitaia, por Bruna Silveira - Disponível no Spotify

EMPODERAMENTO FEMININO
Livros:
- O milionésimo círculo, de Jean S. Bolen. Editora Triom
- Calibã e a bruxa: mulheres, corpos e acumulação primitiva, de Silvia Federici. Editora Elefante
- O feminino e o sagrado: mulheres na jornada do herói, de Beatriz Del Picchia e Cristina Balieiro. Editora Àgora

- O livro de Lilith: o resgate do lado sombrio do feminino universal, de Bárbara Black Koltuv. Editora Cultrix
- Mulheres e caça às bruxas, de Silvia Federici. Editora Boitempo
- Quando me descobri negra, de Bianca Santana. Editora SESI-SP Vozes insurgentes de mulheres negras, organizado por Bianca Santana. Mazza Editora
- O que é lugar de fala?, de Djamila Ribeiro. Editora Letramento
- Inovação ancestral de mulheres negras: táticas e políticas do cotidiano, organizado por Bianca Santana. Editora Oralituras
- O tempo entre costuras, de Maria Dueñas. Editora Planeta
- Historia política Del pantalón, de Christine Bard. Tusquets Editores

Filmes:
Rita (Série Netflix)
Madame C. J. Walker
Frida
My happy family
Estrelas além do tempo
Pantera negra
Erik Brockovich
Norma Rae
Godless (série da Netlix)
Borgen (série da Netflix)
Força dos contos e a mágica da escrita

Força dos contos e a mágica da escrita
Livros:
- A psicanálise dos contos de fadas, de Bruno Bettelheim. Editora Paz e Terra Histórias que curam: conversas sábias aos pés do fogão, de Rachel Naomi. Editora Ágora
- A arte da palavra e da escuta, de Regina Machado. Editora Reviravolta O jardineiro que tinha fé: uma fábula sobre o que não pode morrer nunca, de Clarissa P. Estes. Editora Rocco
- O violino cigano e outros contos de mulheres sábias, de Regina Machado. Editora Cia das Letras

- Fadas no divã, de Diana L. Corso e Mário Corso. Editora Artmed
- Mulheres, de Eduardo Galeano. Editora L&PM
- 103 Contos de fadas, de Angela Cartier. Editora Cia das Letras
- A menina do capuz vermelho e outras histórias de dar medo, de Angela Cartier. Editora Cia das Letras

Filmes:
- As brumas de Avalon
- A garota do livro
- Minhas tardes com Marguerite
- A menina que roubava livros
- Mary Shelley
- O clube de leitura de Jane Austen
- A garota da capa vermelha

Vídeos:
- Porque as mulheres também devem contar as histórias da humanidade, por Chimamanda A. Ngozi - Disponível em TED

SEXUALIDADE
Livros:
- A prostituta sagrada, de Nancy Qualls-Corbett. Editora Paulus
- História da sexualidade, de Michel Foucault. Editora Paz e Terra
- Histórias íntimas: sexualidade e erotismo na História do Brasil, de Mary Del Priore. Editora Planeta
- Vagina, de Naomi Wolf. Editora Geração
- Kama Sutra, Vatsyayana, texto integral. Editora Marin Claret
- Sexo no cativeiro, de Esther Perel. Editora Objetiva
- Delta de Vênus, de Anais Nin. Editora L&PM Pocket
- A cura do amor pelo Tao: como aperfeiçoar a energia sexual feminina, de Manktak Chia. Editora Cultrix.

Filmes:
- Bliss, terapia do prazer - Disponível na Vimeo

- Kama Sutra, uma história de amor em luta pelo amor - Disponível na Prime Video Em luta pelo amor - Disponível na Prime Video
- LelleBelle - Disponível no Youtube
- Masters of sex - Disponível no Globoplay
- A arte de amar - Disponível no Netflix

Vídeos:
- Sexualidade e erotismo na História do Brasil, por Mary del Priore - Disponível no Youtube
- Hanna Gadsby - Disponível no Netflix
- Cliteracy, por Sophia Wallace - Disponível no Youtube
- Masturbation is the new meditation, por Keeley Olivia - Disponível no Youtube The never ending orgasm - Disponível no Youtube
- A pequena morte - Disponível no Youtube
- O que as jovens pensam sobre o seu prazer sexual, por Peggy Orenstein - Disponível em ted.com
- Orgasm: the cure for hunger in the western woman, por Nicole Daedone - Disponível no Youtube
- Prazer feminino, por Jout Jout - Disponível no Youtube
- O segredo do desejo em um relacionamento duradouro - Disponível no Youtube

Podcasts:
- Mamilos - Disponível no Spotify
- Sexoterapia - Disponível no Spotify
- Alcatéia Psicanalítica - Disponível no Spotify
- Lasciva Lua - Disponível no Spotify

PARTO ATIVO
Livros:
- Parto ativo, de Janet Balaskas. 4 Estações Editora
- A maternidade e o encontro com a própria sombra, de Laura Gutman. Editora Best Seller

- Mulheres que correm com os lobos, de Clarissa P. Estes. Editora Rocco Lobas e grávidas, de Livia P. F. Rodrigues. Editora Àgora
- Continuum concept, de Jean Liedloff. Editora Da Capo Press
- Birthing from within, de Pam England. Editora Partera Press

Documentário:
- Renascimento do parto

Vídeos:
- Sexualidade, parto e poder da mulher - Disponível no Youtube

CORPO E ALMA
Livros:
- Dejar la luna libre, de Eric Baret. Ediciones Presencia
- Yoni Shakti: a woman's guide to power and freedom through yoga and tantra, de Uma Dinsmore. Editora YogaWords
- Cura energética para mulheres: exercícios práticos com os chakras, mudras e meditações para restaurar o sagrado feminino, de Kate Sherwood. Editora Pensamento
- O yoga que conduz à plenitude: os yoga sutras de Patanjali, de Gloria Arieira Luz. Editora Sextante
- O milagre da atenção plena, de Thich Nhat Hanh. Editora Vozes
- Como despertar o seu verdadeiro potencial, de Paramahansa Yogananda. Editora Pensamento
- Apaixonado pelo mundo: a jornada de um monge pelos bardos do viver e do morrer, de Yongey Minguyr Rinpoche e Helen Tworkov. Editora Lúcida Letra Tantric visions of the divine feminine: the ten mahavidyas, de David Kinsley. Editora Motilal Banarsidass
- Candí Pathah: a que dilacera os pensamentos, de Devi Mahatmyam

Documentários:
- Yoga: arquitetura da paz.
- Cura pela ioga, por Maris
- Walk with me, por Thich Nhat Hanh

- Awake: the life of Yogananda

Terapias energéticas
Livros:
- Teoria dos chakras: ponte para a consciência superior, de Hiroshi Motoyama. Editora Pensamento
- Os chakras: os centros magnéticos vitais do ser humano, de Charles Webster Leadbeater. Editora Pensamento
- Introdução à inteligência emocional, de Fanny Van Laere. Editora Lage ThetaHealing: uma das mais poderosas técnicas de cura energética do mundo, de Vianna Stibal. Editora Madras
- Mãos de luz: um guia para a cura através do campo de energia humano. Editora Pensamento
- A biologia da crença, de Bruce H. Lipton. Editora Butterfly

Listas de músicas:
- **Corpo de Mulher: Uma experiência de vida, Playlist organizada por TeSer Juntas**
https://open.spotify.com/playlist/4xl3pPHaOTnIOvNXtMQZRM?si=asm6mq1eRDuCO2G8P_tF5w

- **Dança do feminino e masculino, Playlist organizada por Marina Mendes:**
https://open.spotify.com/playlist/0ZDOd3fkeg9JSSajkrJ341?si=H_EnPSLtQSi3b4z-xEA60A

- **Autocuidado Energético, Playlist organizada por Anita Gome**
https://open.spotify.com/playlist/398N06moy4gViFPIr7m8S5?si=IxHtMgkkT8K__yJRiKZ8bw

- **O corpo que eu habito, Playlist organizada por Val Teixeira**
https://open.spotify.com/playlist/6EAI08ifbzC6wvc02Aiwspsi=uxM8ScS2RkGTEbTBVufqDw&utm_source=copy-link

- **Da Donzela à Anciã, Playlist organizada por Vanessa Thalita** https://open.spotify.com/playlist/0dAnwko0ivDDobrLTgTIlk?-si=Uj4Esn_uQ5Ky-fzQbmZQDg

- **Yoga e as Mahavidyas, Playlist organizadas por Daniela Águas**
https://open.spotify.com/playlist/1i9yX67SEb9BhXtSP0D1sH?-si=U-agWgWqQdWL7CUOhJ7D6Q

- **A pelve mágica, Playlist organizada por Bia Haertel**
https://open.spotify.com/playlist/5fV9kO5B2AnYvdhIH50e7u?-si=qby

- **A Deusa em Mim, Playlist organizada por Nath Gingold**
https://open.spotify.com/playlist/0LJRIIBNR80KUyPQwC-QN3I?si=vb5UYGWVSdmxa0rd2tJ14g

AGRADECIMENTOS

Agradecemos imensamente a todas as pessoas que participaram de nossa campanha de financiamento coletivo. Vocês nos ajudaram a escrever a história deste livro, que agora chega até você. Sinta nosso abraço de celebração e alegria.

Adailton Salvatore Meira • Adriana Barros • Adriana da Silva Rufato • Adriana de Fatima Fabiano • Adriana Nogueira • Adriana Rosa do Nascimento • Agnes Rocha de Almeida • Alba Luciene Thiago • Alda Oliveira Silva • Alessandra da Silva Costa • Alexandre Jesus de Godoy • Alice Arashiro • Alice Marie • Aline Covolo Ravara • Aline Papile • Aline Regina Monteiro • Alyssa Grigório Kotujansky • Amanda Cortez Belleze • Amanda da Silva Melo Sakate • Amanda Sérvulo • Ana Carla Cruz de Albuquerque • Ana Carolina Caviquioli Dias • Ana Carolina Horta Barretto • Ana Carolina Petrolini André • Ana Carolina Tebexerini • Ana Carolina Toschi • Ana Cláudia Bertini Ciencia • Ana claudia de Freitas • Ana Claudia Santoro celorio • Ana Claudia Santoro celorio • Ana Cristina Figueiredo Loureiro • Ana Cristina Koda • Ana Eliza Santos Agostini • Ana Helena Augusto de Souza • Ana Lucia de Albuquerque Vidal • Ana Lucia de Grava Kempinas • Ana Lucia Duque Pereira • Ana Lucia Münzner • Ana Luiza • Ana Maria de Andrade Mitidiero • Ana Palla • Ana Paula Querino de Almeida Teixeira • Anamaria Montini de Castro • André Prates • Andrea A. M. Resende • Andrea Cunha Gonçalves • Andrea Destri Krieger Lago • Andréa Marco Antonio • Andrea Maria Gambarini Zen • Andrea Syuffi Daia Silva • Andreia Cristina Conegero Sanches • Andreia Cristina Conegero Sanches • Angela Castro • Angela Maria Catarina Marangoni • Angela Patricia de Lima • Angelis Bogdanovicz Martins • Anita Gomes • Anna Carollyne Marangoni • Aracê Razaboni Teixeira • Arlene Cerqueira Santana Angelo • Áurea Hinemi Naito • Barbara Alencar de Caldas Lopes • Benedita Aparecida Caldeiran Martins • Bete Neves • Bianca da Cruz Rocha • Bianca Nobrega Meireles • Brigitte Ursula Stach Haertel • Bruna Leila Borges • Bruna Menegon • Bruna Próspero Dani • Bruna Santo Silveira • Cacilda de Fátima Gonçalves Marcone • Camila Barreto Lima • Camila Ferlin • Camila Ferrari • Camila Oliveira Ribeiro Bueno de Azevedo • Camila Rabelo de Araujo • Carina Mori Borges • Carolina Capelli • Carolina Cestaro Bonetti • Carolina Machado Guimarães Lopes • Caroline do carmo lucas • Cassia Regina Ferreira dos Santos • Caterina Forray • Cátia Cristina Cipriano • Cecília Araújo • Cecilia Zanotti • Celia Regina Silva Rodrigues • Célia Silva Cruz Morales • Celiane de Oliveira • Celina Xavier Nakahira • Cidinha Arneiro • Clarissa Maria de Almeida Barbosa • Clarissa Vanazzi Pinto • Claudia Andrea Casals Iglesias Lima • Claudia Andrea Casals Iglesias Lima • Claudia Bruginski Stonoga •

Claudia Bueno de Campos • Claudia de Souza Rodrigues • Cláudia Inácio de Araújo • Claudia Nunes Batista • Claudia Valéria da Silva • Cleria Silvana Chiaramonte Santos • Clinger Santana Santos • Conceição Kammerer • Cris Elena • Cristiana Ferreira Teixeira • Cristiane dos Santos bianchi • Cristiane Tavares Nagliate • Cristiane teixeira • Cristina Berardinelli • Cristina Rodrigues de Oliveira • Daiane Inácio Pereira Sanches • Daniela Aparecida dos Santos • Daniela Araújo • Daniela Becker Birgel • Daniela Fernandes do Sim • Daniela Haertel • Daniela Macedo • Daniela Pais Costa • Daniele Andonini • Daniele Kanashiro Sonvenso • Daniella Aparecida Gonçalves • Danielle Rodrigues • Darlene Cristina Rabello Coelho • Davina Jacinta Rodrigues Hernandes • Débora Cristina Timossi • Delaine Oliveira Fumagalli • Denise Aparecida de Assis Souza • Denise Silva da Costa • Desiree Rezende • Desiree Rezende da Cruz • Devora Sex Shop • Diana Basei • Diane da Silveira Prates • Diane Sordi • Dieila Carolina de Oliveira Adorni • Edilene Aparecida Saldanha • Edirlene Sara Wisniewski • Edna Aparecida Cestaro Bonetti • Edna Higa • Edna Maria Romanini Amadeu • Elaine Aparecida Fernandes de Lima • Elane Ribeiro Mello • Eliana Cristina da Silva • Eliane Flávia Wisniewski • Eliane Higa • Eliani Rodrigues Piotto Marcellini • Elis Cabral de Carvalho • Elisa Maria Araújo Moreira • Ellada Montemor • Elza maria de souza Abuquerque • Emi Tanaka • Emiliana Monforte Merlo Joppert • Érica Cristina ranzani • Érica de Sousa Campos • Escola do Feminino • Espaço Purpurina • Eveline Nascimento Marchesini • Fabbi Castro • Fabiana Colares • Fabiana de Oliveira Pinto • Fabiana Machado • Fabiana Pegoraro Soares • Fabiola Assumpcao Barrella • Fatima Maia • Fernanda Cristina Monferrari • Fernanda Gomes • Fernanda michalski • Fernanda Papa • Fernando Alves Pedersoli • Flávia Diniz Valadares • Flavia Ferretti • Flávia Furtado Tamanini Hermanson • Flavia Yarshell • Francieli Scatolin • Francisca Eliene dos Santos • Gabriel • Gabriela de Almeida Zorer • Gabriela Figueiredo • Geovana Firmino de Paula • Gessica Inacio Pereira Andrade • Gheany Calasars Belmonte Murakani • Giovanna Serra Santalucia • Gisele Dias Prestes Delgado • Gisele Ferreira da Silva • Gisele Valdstein • Giselle Virginio da Silva • Gislaine Roma Temoteo • Gleide dos Santos Pereira • Gomer Gonzaga • Grasi Ferrari • Haidee claudia Cotrím de Souza • Helenita Azevedo • Heloisa Gappmayerr Biscaia • Heloisa Gardusi • Heloisa Helena V.R.Lidízio • Henrique Passarelli Camilo • Ineke Maria Been • IPEC - Instituto de Pesquisa e Estudo da Consciência • Isabel Valle • Isis Honorato • Ivonilde Oliveira Lazarin • Izabel Almeida • Jacira Marangoni Ferraz de Carvalho • Jacqueline • Jamile de Almeida Neri Revueltas • Janaina Bortoluzzi Cardoso • Janaína Celoto Guerrero de Mendonça • Janaina Villela • Janete Bignardi Araújo • Jaqueline bonadio tarraf • Jerusa Vieira Brandi de Azevedo • Jéssica dos Santos Pini • José Flávio Vieira dos Santos • Josiane Costa • Júlia Estevam • Julia Germano da Silva • Julia Marcela Ferreira • Juliana da Silva Bespalec • Juliana Guastapaglia Fernandes • Juliana Lopes de Camargo • Juliana Novelli • Juliana Pacheco Carlos Pinheiro • Juliana Rocha Federici • Juliana Rocha Julião Federici • Julita Rafaela Natal Napoli • Jussara Emiliano • Kalynne Rafaelle Dos Santos

Lima • Karina Gimenes Fernandes • Karina Rachel Savassi Zorzetto Perches • Karina Risso • Kayoko Kiyuna Higa • Kelly Cristiane de Souza • Kelly Cristiane de Souza • Kenia de Jesus Garcia Moreira • Kirin Mironiuc • Kleber Sartorio • Lais de Figueirêdo Lopes • Laissa Figueiredo do Valle • Larissa Bortoleto Alcantara • Larissa de Godoy Bergo • Larissa molina da costa • Larissa Nayara Romanini Amadeu • Laura Gadelha • Laura Miguel • Layla Christina Moraes • Layla Stassun • Leila costa dos Santos • Lenir Simone de Oliveira Morais • Letícia Raposo • Lidiane Mendes Barbosa • Ligéa de Mateo • Ligia Carvalho dos Santos Zorzo • Lígia Thiago • Lilian Vidal Lourenço • Liliane Gambogi Silveira • Lin Diniz Santos • Lisandra Nascimento Cobu • Liziana Rodrigues • Loana Garcia • Lois Neubauer • Lourdes Portugal • Luana Vardanega • Lucas Neves Lobue • Lúcia D. Torres • Luciana Alves Kokot Tovo • Luciana Armendani • Luciana de Melo Guedes • Luciana Fogo da Silveira • Luciana Goncalves Garcia • Luciana Porto • Luciane Antonia Passoni • Luciane Meire Ribeiro • Lucileide Amâncio • Ludiana Moreno • Luisa Aidar • Luiza Alves Mariani • Luiza Graziela Santos Dias • Luziane Perossi • Magda Crosgnac • Magdalena Moscovici • Maheli Franzosi Miechuanski • Maiara Araujo Roquetti • Maíra Barelli • Maira Jaila Briza Arsuffi • Maith Martins de Oliveira • Majorie Catherine Capdeboscq • Manuela Fontana • Marcela Lempé Madruga • Marcela Rezegue • Marcelo Caitano • Márcia Aparecida Dantas • Márcia Marbele Feitosa Ayroza • Márcia Regina de Souza Silva Bindewald • Márcia Regina Huck • Marcia Regina Orsi • Marcus Cesar Ricci Teshainer • Margarete de Stefani dos Santos • Margarete dos santos • Maria Angelica Breda • Maria Aparecida Smidt • Maria Borges • Maria Del Pilar Domec Espinoza • Maria Denise Guedes • Maria Elisa Valentim Pickler Nicolino • Maria Fernanda Ziegler • Maria José Silva sobral • Maria Silvia Martos Pompeu • Mariana Gholmia • Mariana Kortwich Vaz • Mariana Lima de Moraes Martins Kapps • Mariana Santoro Cabral • Marieta Pamplona Schmitt • Marília Raquel Martins Castro • Marina Eriko Sogawa Murai • Marina Mendes • Marina Moscovici Mendes • Marina Oliveira Sousa de Macêdo • Marina Silveira Arruda • Marisa Oliveira - origens desenvolvimento • Marita Siscão • Mayara Jurema Pacheco de Oliveira • Mayra Silva • Melina Konig • Michele Aparecida Teodoro • Michele storino • Micheline Patrícia Félix Silva • Michelle Campagnholo • Michelle Chrystiane Geraldo de Araujo • Michelle Soares Goecking • Milena de Souza Poltroniéri • Milena Lozano • Milene Moreira Nunes • Mirian Guedes • Mirian Lazarte Castro • Monica Dias Teodosio • Mônica Prampero • Monica Vidiz • Nathália Oliveir • Natucia Cristina Cunto Tadei • Nayara Lago da Cunha • Neuci Camillo • Nicole Wey Gasparini • Nielda Karla Goncalves De Melo • Noelle Breda Teixeira • Ofícios Terrestres Edições • Olindo Estevam • Otica Mara • Paiol Filmes • Patricia da Silva • Patricia Dias Braga • Patricia Ghuidotte de Faria • Patricia Restano • Patricia Satler • Patrícia Silva de Oliveira • Paula Haddad • Pinheiro Machado Viagens e Turismo • Poliana Jeronymo Siveti • Pricila Gonzalez dos Santos • Priscila Daniele Baleeiro Costa • Priscila Dias Ribeiro • Priscila Tavares Correa • Rachel Angelina Savassi Zorzetto •

Rafaella Leme • Raquel Anderman • Raquel Camargo • Raquel Elizandra Ramos • Raquel Oliveira • Raquel Oliveira Silva Quiroz • Raquel Sarmento • Raylla Pereira de Andrade • Reghini Maciel Cavalcante • Renata C Mourad Saliby • Renata de Oliveira Soares • Renata Linhares • Renata Longuinho Nunes • Renata Mota Cipriano • Renata Ottoboni de Lucca Ricci • Renata Silva Eloi Botelho • Renata Teixeira • Ricardo Constante Martins • Rita D Paulo • Rita de Cassia Pereira Santos • Rita de Cassia R. G. D'Alessandro • Rita Silva • Roberta Aparecida da Trindade • Roberta Barreto • Roberto Amadeu • Rogério Casonato • Rosane da Silva Toledo Manhães • Rosane Rodrigues de Barros Ribas • Rosangela Julia de Matos Monteiro • Rose Lima • Roseane Arruda Manzotti • Rosely Scodeler • Rosemeire • Rosemeire Ruiz de Oliveira • Rosi de Oliveira • Sabrina Grunwald Forte • Sagrado Feminino do vale so aço • Samanta Brummert de Aboim • Samanta Pereira Lima Fernandes • Samara Magioli Jorge • Samille Viana Possidonio Vial • Samira Antunes Ferreira da Silva • sandra cordeiro molina • Sandra de Albuquerque Cavalcante Amélio Silva • Sandra Nogueira da Costa Reis • Sandra Regina Santos de Souza • Sandrine Fresnel • Selma Cravo • Sergio Casonato • Sheila Casonato Vital • Silvia Affini Borsoi Tamai • Silvia Alves • Silvia Coelho Veiga • Silvia Cristina de Figueiredo Ferreira • Silvia Elisabeth Rodrigues • Silvia Maria Vasconcellos • Silvia Regina Cervi • Silvia Tiemi Maoski • Simone Barbosa Pereira • Simone dos Reis figueiredo • Simone Hashimoto • Simone Martinez • Solange Maria Higa • Sônia Maria da Silva Barbosa • Sonia Santana • Stella Bruna Santo • Stella Maris Gomes Pinto Bubniak • Sue Petek • Susana Rodrigues Samorano • Tais Rocha de Souza • Tamires Nunes Venezianni • Tamiris Batista Leite • Tammy Oliveira Santos • Tânia Barth de Lucca • Tatiana Brito Alonso • Tatiana H Quadros Zarth • Tatiana Miguel Rodrigues • Tatiana Parreiras Martins • Tatiane da Silva Santos Santiago • Teresinha Guimarães Albuquerque • Thaís Fernanda Mello de Oliveira Tory • Thaís Helena Safiotti Pacheco • Thereza Jesus dos Santos • Thiago de Oliveira Thobias • Thiago Miotto Terada • Tiago Minchillo da Silveira • Tricia Sander • Val Biesuz • Val Teixeira • Valéria Aparecida Moreira Novelli • Vanessa Kou Laface • Vanessa Tenório • Vânia Damasio • Vania dos Santos Bisoni • Veridiana dos Santos Silva • Veruska Craveiro Moreira • Vilma Alves Casonato • Vilma Valéria Rocha de Lemos Lopes • Virginia Stela Bueno Lambert • Vivian Amarante • Viviane Colino • Viviane Colino • Viviane Cristina Thomé • Viviane Lessa • Viviane Lima de Oliveira • Walter Gomes • Wanda Del Vechio • Wesley Yuri Romano da Silva • Xenya A. Bucchioni • Zenilda Cruz Dos Santos

Copyright © 2022 Maria Soledad Domec, Tassia Felix, Nathalie Gingold, Cláudia Araújo, Naiara Magalhães, Fabiana Higa, Thais Santos, Vanessa Thalita Amadeu, Bianca Haertel, Eulália Oliveira, Dani Aguas, Val Teixeira, Adriana Casonato Portugal, Bruna Silveira, Anita Gomes, Marina Mendes

COORDENAÇÃO EDITORIAL
Isabel Valle

IDEALIZAÇÃO
Maria Soledad Domec e Tassia Felix

ORGANIZAÇÃO E EDIÇÃO
Naiara Magalhães

PROJETO GRÁFICO, CAPA E ILUSTRAÇÕES
Sandra Kuniwake | Studio

APOIO NA CAMPANHA FINANCIAMENTO COLETIVO
Olindo Estevam | Paiol Filmes
Samanta Brummert de Aboim

ISBN 978-65-89138-34-1

www.bambualeditora.com.br
conexa@bambualeditora.com.br